宗教の本性

誰が「私」を救うのか

佐々木 閑 Sasaki Shizuka

NHK出版新書
656

はじめに

ＮＨＫ文化センター京都教室で特別講座を担当し、宗教について語ったのは今から二年前の二〇一九年三月でした。まだ新型コロナのきざしもなく、昨日と同じように今日が来て、今日のような明日が来る、という優しく呑気《のんき》な気分で時間が流れていたころです。釈迦《しゃか》はこの世を「諸行無常《しょぎょうむじょう》」と見ましたが、日々平穏な時が過ぎていくそのころを、釈迦の言葉どおりに緊張感を持って眺めていた人は稀《まれ》だったと思います。

それが二〇二〇年になって世情が一変し、大混乱になったことは皆様ご存じのとおりです。単にライフスタイルが変わったというだけでなく、「私たちはなんのために生きているのか」「私たちにとって人生の幸福とはなんなのか」といった、一番根本の問題をはじめから組み直さねばならない時代に、たった一年で放り込まれたわけです。

ごく普通の教養講座として取り上げた「宗教とは何か」というテーマが、教養の域をはるかに超えて、一挙に切実な現実問題として立ち現れてきたことを実感しました。宗教というのが、普通に考えられているような、特殊な世界の人たちだけがはまり込む異質の精神活動なのではなく、じつはほぼすべての人が、自分では気がつかないままになんらかの宗教で生きている、という視点で眺めれば、二〇二〇年を境にして地球的規模で従来の宗教観が大きく揺らぎはじめ、新たな宗教世界への変移が起こりつつあるとも言いえます。ずいぶん大仰《おおぎょう》な言い方だと思われるかもしれませんが、真意は本書をお読みいただければおわかりいただけると思います。

このような状況に至って、先の教養講座を再度練り直し、これからの新時代を見据えた書籍として出版することに意味があるのではないかと考えるようになりました。ＮＨＫ出版で長くご縁のある編集者、加藤剛氏も私の考えに賛同してくださり、「仏教者の立場から見る、新たな宗教世界の展望」をテーマに本書を作成しました。

「仏教者の立場から見る」とは言っても、「こんな時代だからこそ仏教の出番です」といった我欲ふんぷんの主張ではなく、イデオロギーなども含めたあらゆる宗教世界が議論できる公正な場を設定し、まずは一事例として、仏教からの見解をご紹介する、という姿勢で書きました。宗教を語る際に、公正であること、客観的であることはとても難しいのですが、本書ではなんとかそれを守り通そうと気合いを入れました。これから先、いよいよ混迷する世の中で、闇夜の道案内としての宗教の意義は重みを増してきます。そんな時代に、宗教の本当の意味さえわからずに右往左往することがないよう、しっかりした心構えが大切です。本書がそのためのお役に立つことを願っています。

本書作成にあたっては、先述のＮＨＫ出版加藤剛氏と中村宏覚氏に大変お世話になりました。三人で知恵を出し合って一冊の本を仕上げていく作業はとても充実した時間でした。心から御礼申し上げます。

二〇二一年五月五日

佐々木　閑

宗教の本性——誰が「私」を救うのか　目次

プロローグ　宗教とは何か

知識だけでは宗教の本質は見えてこない

本日は「宗教」をテーマにお話しします。

普段の私は「仏教とは何か。釈迦の本当の教えとはどういうものか」といった仏教に関する話ばかりしているのですが、今回の講義では、あえて間口を宗教全般に広げて「宗教とは何か。なぜ私たちの世界には宗教というものが存在するのか」という大上段なテーマでお話をしようと思っております。専門外の話題にも触れることになるため、説明が至らない点も多々あるかとは思いますが、そこは広い心でお許し願えると幸いです。

「宗教とは何か」を理解するには、客観的、主観的という二つの視点が必要になってきます。まず必要となるのが客観的な視点です。人類の歴史を振り返りながら、宗教がいつどんな理由で誕生し、それぞれの宗教の教義や布教スタイルはどういったものだったのかを歴史学的に考察していく、いわば学術的なアプローチです。

しかし、残念ながら宗教の歴史や教義にどんなに詳しくなったところで、宗教の本質を理解したことにはなりません。なぜなら、それはあくまで学者の目から見た宗教であって、実際に「宗教にすがらずには生きられない、宗教なくしては一歩も前に進めない」という状況に追い込まれた人から見た宗教というのは、それとはまったく違ったかたちで目に映るはずだからです。

この見え方の違いは、宗教を「薬」に置き換えてみると理解しやすいかもしれません。薬学の研究者やお医者様に「私たちにとって、薬の存在意義とはなんでしょうか」と問いかけたなら、おそらく次のような答えが返ってくるでしょう。

「人類は太古の昔から、さまざまな病気で苦しめられてきました。そんな苦しみをなんとかして和らげ、消し去りたいという思いで、私たちの先祖が知恵を絞り、経験を蓄積してつくり出したのが薬です。薬とは、私たち人類の知恵の結晶であり、人類に幸福を与えてくれる最高の宝なのです」

薬がどれほど私たちにとって必要なものなのかは、これで十分に理解できます。ただこれは、薬と人類の関係を俯瞰《ふかん》的、第三者的に見た場合の答えであって、我が身のこととして薬を求めている人の声ではありません。

では、もしもあなた自身が、あるいはあなたの大切な家族が大病を患《わずら》っていて、その薬が手に入らなければ死んでしまうというときに、「あなたにとって、薬の存在意義とはなんでしょうか」と、同じ質問を問いかけられたらどう答えるでしょうか。

自分という存在が消えてしまうか、この先も続いていくかという瀬戸際の状況で、「薬は人類にとって有益だから必要」などといった第三者的な答えはまず出てきません。「その薬に私のすべてがかかっていて、生き延びる唯一の道だからです。理由なんてどうでもいいから、すぐに処方してください！」と、切羽詰《せっぱ》まった答えが返ってくるはずです。

宗教もこれと同じで、さまざまな本を読んで「宗教とはこういうものだ」と理解したつもりになっていた人も、死を目前にして、何かにすがらないと生きられない状況に追い込まれると、それまでとはまったく違った感覚で宗教をとらえるようになるのです。

じつは私の場合もそうでした。普段の私は「仏教とは、苦しまずにこの世を生きるための自己鍛錬法を示したもので、人間の願望や欲望を叶えるためのものではありません」などと語っていますが、数年前に父を看取《みと》ることになったとき、自分の中にそれまでなかった感情が芽生えてきました。父の死期が近づくにつれて、「何かにすがってでも父を助けたい」という思いがどんどん強くなり、「人智を超えた大きな存在」に頼りたいという気持ちになってきて、実際、心の中で頼んだのです。

おそらく皆さんも、大切な家族が不治の病に罹《かか》り、もう手の施しようがないという状況に陥ったら、何かを拝まずにはいられなくなるでしょう。そんなこともあって、宗教の本当の姿を知るには、知識として宗教を学ぶだけでなく、我が身のこととして宗教を見る視点を持つことが大切なのだ――と改めて考えるようになりました。

宗教は「心の病気」を治す薬

先ほど宗教を薬にたとえましたが、では宗教は私たちのどんな病気を治してくれるのでしょうか。

宗教が治してくれるのは、すべての人間が必ず罹る本質的な「心の病気」です。「私は健康そのものだし、老後の蓄えもたっぷりあるし、これといった悩みはない」という方もいらっしゃると思いますが、じつはそういう人も無自覚なだけで、人間である以上は、皆が多かれ少なかれ、心の中に病を抱えて生きているのです。

それはどういう病でしょうか。人間は誰しも、やがて自分が死ぬということを知っています。つまり、私たち人間は自分の死を自覚しながら生きている。それが自分にとってけっして心地のよい道筋ではないと十分わかっていながらも、人間はその道を歩んでいくしかない。これこそが私たち人間が宿命として背負っている苦悩であり、最も苦しい心の病です。

人類以外の生命体にはこうした病気は存在しません。「自分はいずれ死ぬ。その死に向かって今日も散歩しているのである。ワンワン！」などと暗い顔でため息をつきながら散歩している犬はいません。ところが人間は散歩しながらも、心のどこかでやがて訪れる死について考えています。

若いころはまだ自分の死をイメージする機会は少ないと思いますが、五十歳、六十歳と年齢を重ねるにつれて、「定年を迎えた後、どうやって残りの人生を生きていけばいいのだろう」「自分はあと何年くらい、健康で生きられるのだろう」などと、先行きの苦悩を考えるようになるのです。

喜びと希望に満ちた日々を晴れ晴れしい顔で生きている姿が「健康な心で生きている状態」だとするなら、現状を望ましい状態とは思えず、心に苦しみや重荷を感じているという意味で、このような状態は、「心の病気」と考えることができます。もちろん、人によって重荷の感じ方は違っていますから、「ほぼ健康」という状態で一生過ごす人も大勢おられます。しかしその一方で、苦しみにさいなまれて、もだえ続ける人もいます。そんな心の病気を治す薬として誕生したのが「宗教」なのです。

宗教を我が身のものとしてとらえる

宗教とは何かを理解するには、先ほど申し上げたように客観と主観、二つの異なる視点を持つことが必要になってくるのですが、それは口で言うほど簡単ではありません。なぜなら自分の意思で二つの視点を行き来するのは非常に困難だからです。

客観的に宗教を理解するだけなら、知識として学べばよいのですから、それほど難しくはありません。宗教を信じていない人や、現時点で宗教を必要としていない人であっても、宗教に関する本を読んだり、講義を聴けば「宗教とはこういうものだ」とおおよそのことは理解できます。

一方、主観的な視点は、やっかいなことに実際に死や不幸に直面し、「宗教で人生を支えなければ一歩も前に進めない」という状況を経験した人しか持ちえません。実体験を通さないと視点がそこには移っていかない。宗教が一般に理解されにくいのも、そこに一番の理由があります。しかし、一度でも「我が身のものとしての宗教」を体験し理解した人にとっては、後者の視点なくして宗教は語れません。

宗教に対する主観的な視点は、誰かから強制されて身につくものではありません。明治期から昭和期の日本の歴史を振り返ってみても、宗教を人々に強制することの無意味さがよくわかります。

かつて日本には、国家が主観的な宗教観を国民に強要した時代がありました。江戸時代までの日本では、神仏習合《しんぶつしゅうごう》が当たり前で、人々は日本古来の神様も仏様も区別することなく自由に拝んでいたのですが、明治になると政府は「神仏分離令」を発し、「これからは神社と寺院を分けて考えよ。そして国家神道を信じて天皇を神として崇《あが》めよ」と国民に命じました。

やがて昭和に入って戦争が激しくなると、国家神道は愛国教育と結びついて「神（天皇）のためには死ぬことも厭《いと》わない」という危険な思想へと発展していきます。国家が「宗教（神道）を我が身のこととして生きよ」と国民に強制したのです。

しかし、皆さんもご承知のとおり、敗戦と同時に国民の意識はガラリと変わりました。戦後、ＧＨＱ（連合国軍最高司令官総司令部）が国家神道の廃止を命じた途端に、天皇を神だと信じる日本人はほとんどいなくなってしまったのです。

もしすべての国民が本気で国家神道を信奉していたのならば、いくら上から禁止されても、それまでの信仰をいきなり捨てたりはできないはずです。それなのに日本人は、敗戦と同時に、あっさりと国家神道を捨ててしまった。結局のところ、戦前の天皇を中心とした神道主義は、見せかけの国家宗教に過ぎず、実際は国民には浸透していなかったのです。こうした史実を見ても、宗教を我が身のこととして見る視点は、強制されて身につくものではないことがわかるはずです。

これに対して、ユダヤ教やキリスト教、イスラム教などを信仰している国々は違います。日本のように短期間に宗教を強制したのではなく、ゆっくり時間をかけて宗教を心の支えとして生きる社会が形成されていったので、人々は当たり前のように我が身のこととして宗教をとらえています。そのため、今まで信じていた宗教を一日にして捨てさせるとか、ほかの宗教を新たに信じさせるといったことは、まず不可能です。

そういう意味では、日本という国は最初から宗教というものについて大きな思い違いをしていたと言えます。さらに戦後の日本は、過去に対する反省からか、宗教教育を危険なものと見なし、「宗教を教えず、学ばず」の方針で子どもを育ててきました。現在、多くの日本人が「自分は無宗教だ。この先も宗教は必要ない」と考えるようになったのも、じつはそれが原因なのです。

しかし、自分では無宗教だと言いながらも、日本人のほとんどは、なんらかの宗教を信じて生きていると思っていいでしょう。なぜなら宗教は、苦しいときにすがるものであると同時に、人間が生きていくうえでの規範、道筋を示すものでもあるからです。

皆さんも、仏教やキリスト教など特定の宗教は信じていなくとも「人間の幸せとはこういうもので、それを手に入れるためにはこんなふうに生きるべき」といった生き方の規範となるものを心のどこかに持っているはずですね。何かを信じて生きているという意味では、じつはそれも立派な宗教なのです。このことは、のちほど詳しく語っていきます。

宗教教育をおろそかにしてきたせいで、宗教という概念が何を意味しているのかも理解できない日本人が多いように思います。外から見ると、宗教でがんじがらめになっていながら、それに気づかず、「私、無宗教なんです」と胸張って主張している人もよく見かけます。

世情が不安定化するのに伴って、生きることに苦しみを感じる人も増えてくるのではないかと思うのですが、そんな時代だからこそ、宗教の意味を正しく理解しておく必要があります。宗教の意味を知ることができてはじめて、正しいかたちで宗教と付き合うこともできるのです。

そこで今回の講義では、客観的と主観的の二つの視点から宗教を考察し、日本人が学校では学んでこなかった（学ばせてもらえなかった）「宗教の本質」について解説していこうと思っています。

「釈迦の仏教」と大乗仏教は違う

では、これからの講義の流れを説明しておきましょう。前半は歴史学者のユヴァル・ノア・ハラリ氏が書いた『サピエンス全史』（柴田裕之訳、河出書房新社、二〇一六年）をテキストとして読みながら、客観的な視点から見た宗教について解説していきます。タイトルにあるとおり、石器時代から現代までの人類の歴史をさまざまな角度から考察した本なのですが、宗教の歴史や人類と宗教の関係についても非常に的確に語られているため、今回の講義のテキストにはぴったりです。

続く後半では、主観的な宗教の見方、つまり我が身のものとして宗教を拠りどころにして生きるとはどういうことなのかを解説しながら、最終的には私が専門とし、同時にその信奉者でもある仏教の特異性や仏教の本質についてもお話ししようと考えています。

本題に入る前に、一つ断っておかねばならないことがあります。それは私の仏教に対する立ち位置です。仏教にあまり詳しくない方は、日本の仏教を、開祖お釈迦様の教えをそのまま伝えたものだと思っておられるかもしれませんが、そうではありません。釈迦亡き後、仏教はほかの宗教の影響も受けながら複雑に枝分かれを繰り返していきました。日本の仏教は、その枝の一つである「大乗仏教」と呼ばれる系統の、そのまた先の枝にすぎず、じつは釈迦の本来の教えとはかなり異なっています。

たとえば、大乗仏教では現世利益《げんぜりやく》を重視するものも多いのですが、初期の仏教は逆に「利得への執着を捨てよ」と説きました。また、日本の寺には阿弥陀如来《あみだにょらい》、大日如来《だいにち》、薬《やく》師《し》如来など、釈迦以外の仏像も多く祀《まつ》られていますが、これらは大乗仏教の中で新たに生まれた仏様で、もともとの仏教には存在しません。

古い仏教の教えを今も伝承しているものとしては、タイやスリランカなどで信仰されている「上座説《じょうざせつ》＊仏教（テーラワーダ）」がありますが、これも僧団のあり方などが釈迦の時代とは変わってしまっているので、オリジナルの仏教の教えをそのまま表しているとは言えません。私は、複雑に枝分かれしていく前の、根本となる仏教、つまり樹木で言うと一番太い幹の部分を「釈迦の仏教」と呼んで、その教えを個人的に信奉しています。「釈迦の仏教」がどんなものなのかは、講義の中でおいおい解説していきますが、今回の講義で私が主に語っている仏教は、「釈迦の仏教」の教えであることを理解しておいていただけると幸いです。

前置きが長くなりました。では、いよいよ講義に入っていきましょう。

＊本書では、これまで用いられてきた「上座部」ではなく、正式な翻訳である「上座説」を使用します。

第一講 多神教からはじまった

ホモ・サピエンスはなぜ勝利者となりえたのか

では第一講をはじめます。ここから第三講までの前半部分は、『サピエンス全史』をテキストに、宗教とは何か、宗教はなぜこの世に誕生し、その後どのようなプロセスを経て今のような状態になっていったのか――その宗教の歴史と、個々の宗教の特徴についてお話をしていこうと思っています。

まずはじめに、『サピエンス全史』について説明しておきましょう。『サピエンス全史』とは、ユヴァル・ノア・ハラリというイスラエルの歴史学者が、先史時代から現代までの人類の文明の歴史について綴《つづ》った本で、二〇一一年にヘブライ語版が出版され、その後各国で翻訳されて世界的なベストセラーとなりました。

日本語版は上下二巻からなる大作のため、その詳細をここで語ることはしませんが、重要なポイントだけ絞って言えば、「私たちホモ・サピエンスが、なぜこれほどまでに文明を発展させ、地上を支配する勝利者となりえたのか」、その謎を解く鍵と言うべきものがこの本には示されています。

ホモ・サピエンスが繁栄した理由としては、「ほかの動物より大きな脳を持ち、高度に知能が発達したから」「直立二足歩行を手に入れたことで、道具や火を使えるようになったから」という説がすでに常識となっていますが、じつはそれだけでは辻褄《つじつま》の合わないことと、説明できないことが数多くあります。

たとえば大きな脳を持ち、二足歩行を行う人類種は、サピエンス以外にも過去に多く存在し、十万年前の地球上には少なくとも六つの異なる人類種が暮らしていたと考えられています。なかでもネアンデルタール人は、脳の大きさや身体の強靱《きょうじん》さ、氷河期の寒冷な気候への適応力では、サピエンスよりも優れていたことがわかっています。

もし一対一で闘ったとしたら、私たちの祖先はネアンデルタール人に完敗していたはずです。それなのになぜ、サピエンスだけがほかの人類種や力の強い生き物たちを押しのけ、すべての生物の頂点に君臨することができたのか、不思議ですよね。ハラリさんは今まで解明されてこなかったこうした人類の謎を、歴史学だけでなく人類学、社会学、生物学などさまざまな視点から解き明かしていきます。

多くの学問分野に精通している学者や、世界の歴史を俯瞰的に語ることのできる学者は大勢いますが、ハラリさんの場合はとにかく、物事をとらえる視点が素晴らしい。

学者が何かを語る場合、普通は、自分の専門とする分野、特定の視点から現象や事柄を観察し、その視点から得られる見解を結論として出してくるものですが、ハラリさんは歴史学者の視点からだけでなく、さまざまな角度から多面的に物事を見て「すべてのものは原因と結果の関係で成り立っていて、私情を挟まずに見るとこう見えてくる」とだけ言っています。見えてきたものがよいのか悪いのかという価値判断も一切くだしません。

一見、不親切に思われるかもしれませんが、じつはこれはすごく重要なことです。なぜなら私たちのまわりで起こっている現象や事柄というのは、すべて立体でできていて、見る角度によって違ったかたちに見えてくるからです。一定方向から見てよいと感じたものも、反対の方向から見たら悪く見えたりするわけです。

立体として見たものをそのまま言葉で表現できれば、それがベストですが、残念ながら言葉は、ある角度から見た平面図としてしか事象を説明できません。ですから、ハラリさんは一つの事象をいろいろな角度から見て、何が見えたかだけを読者に伝え、それを読んだ側に立体として自由に再構築してもらう――という方法をとったのです。

物事を客観的に見るとはそういうことです。さまざまな情報から、私情をどれだけ排除して客観的にものを見られるかが科学の視点であることからすれば、『サピエンス全史』は、歴史を科学で解明しようと試みた画期的な本と言っていいのかもしれません。「人間の本当の幸せとは何か」「文明の発展は私たちに何をもたらしたのか」などといった、いまさら目新しくもない問題に対しても、目の覚めるような斬新な答えが返ってくる素晴らしい本なので、時間があればすべての内容をご紹介したいところですが、講義のテーマは「宗教」なので、今回は宗教に関係する部分に絞って見ていこうと思います。

人類の歴史は統一へと向かっている

では本題に入りましょう。まずハラリさんは、人類の歴史はランダムに進んでいるのではなく、そこにはなんらかの方向性が存在するのではないかと考え、「人類の歴史は統一に向かう傾向を持っていて、違いを乗り越えて一つになろうとするベクトルが働いている」ととらえました。

過去の人類の歴史を振り返ってみても、これは納得ができます。もともと人間は部族や血族などの小さな集団に分かれて暮らしていて、紀元前一万年頃の地球には、何千もの小さな社会があったと考えられています。その後、小さな集団は領土争いを繰り返しながら徐々に融合拡大していき、やがて国家という大集団が誕生しました。そして現在は、国家というかたちをそれぞれ維持しながらも、それらが経済的、政治的につながり合って、グローバルな社会を形成しつつあります。

これまでの歴史の中で、国や地域が宗教やイデオロギーの違いで分断されてしまうという現象があったことを思うと、必ずしも人類は統一に向かったわけではないように感じるかもしれません。たしかに、数百年単位で歴史を眺めれば分断現象も多数見られますが、「ホモ・サピエンスの歴史」という大スケールで見れば、人類は確実に統一へと向かっています。

続けてハラリさんは、人類を一つの組織体として束ねていくための重要な役割を担った要素として、「貨幣」「帝国」「宗教」の三つを挙げます。なぜこの三つが人類を統一に向かわせる要素になったのか、順に説明しておきましょう。

貨幣については、容易に理解できます。昔の物々交換の時代は、お互いの手に入れたい物がたまたまうまく合致したとき、直接やりとりすることで経済関係が成り立ちました。

この物々交換は、近隣に住む相手としかやりとりができません。しかし、普遍的な交換媒体としての貨幣が発明されたことによって広い範囲で価値が共有され、どんな物やサービスも交換可能となっていきました。

さらに貨幣は食べ物と違って腐らないため、富として蓄えておくことも可能です。また重たい品物は持って歩けませんが、貨幣ならば運搬も容易です。こうした貨幣の特性が市場を活性化させ、交易が盛んになるにつれて市場規模はどんどん拡大し、やがて世界経済は一つにつながっていったのです。

二つめは帝国です。ここでハラリさんが言っている帝国とは、一つの共同体が版図《はんと》を拡大していくことを言っています。紀元前の時代からユーラシアの国々は、自国の利益のために領土拡大政策を積極的に進めました。武力で隣国に攻め入り、他国の人々を殺戮《さつりく》するのは人道的には許されることではありませんが、ハラリさんはこうした侵略の歴史も、多数の小さな文化を大きな文化にまとめあげる役割を果たしたという意味では、人類統一の大きな力になったと述べています。

領土争いに勝利した国は、必ずしも相手国の文化をすべて破壊したわけではありません。多くの場合、勝利国は敗戦国の人々に自国の言語や文化を強要しましたが、その一方で、敗戦国側の文化や習慣で価値があると感じたものは吸収し、自国の文化との融合を試みました。文化の統一化だけでなく、政治システムの拡大化につながったという意味でも、帝国主義は人類の統一を加速させる要因になったと考えられます。現在は、かつての帝国主義に代わって、グローバル企業、NGO(非政府組織)、金融政策、環境政策など、かたちを変えた新たな帝国主義が誕生し、人類をさらなる統一へと導いているとハラリさんは言います。

そして三つめが宗教です。ここで言う宗教とは、局所的、排他的な部族宗教ではなく、布教を行い、世界へと拡大していったキリスト教やイスラム教、仏教など、グローバル宗教のことを指しています。共通の神や普遍的な秩序を多くの人々が信仰するようになると、同じ宗教を信じた者は、見知らぬ人どうしであっても互いに協力できるようになります。そういう意味で宗教は、人類を一つにまとめる力を持っていました。

しかし、ハラリさんはそれだけでなく、宗教が持つ、人類を統一へと導くためのもっと大きな力に注目しています。

社会秩序とヒエラルキーはすべて想像上のものだから、みな脆弱であり、社会が大きくなればなるほど、さらに脆くなる。宗教が担ってきたきわめて重要な歴史的役割は、こうした脆弱な構造に超人間的な正当性を与えることだ。宗教では、私たちの法は人間の気まぐれではなく、絶対的な至上の権威が定めたものだとされる。そのおかげで、根本的な法の少なくとも一部は、文句のつけようのないものとなり、結果として社会の安定が保証される。（下巻10頁）

少々難解な言い回しになっているので、かみ砕いて説明しておきましょう。「社会秩序とヒエラルキーは（中略）社会が大きくなればなるほど、さらに脆くなる」というのはなんとなく理解できますね。小さな集団で、誰も秩序やルールに疑いを持たないときは問題がないのですが、集団が大きくなるにつれて、「今のルールは権力者が自分に都合のよいようにつくったのだ」と言いはじめる者が現れてきます。そうなると人間がつくったルールは絶対ではないため、社会は徐々にまとまりを失っていきます。

そんなときにパワーを発揮し、社会を強固にまとめる役目を果たしてきたのが宗教だとハラリさんは言います。一つの社会や集団に属するすべての人が同じ宗教を信じた場合、その秩序やルールは、絶対的、普遍的な存在である神が定めたものであると全員が承認するわけですから、誰もそれに疑いや反抗心を抱くことがなくなります。そうなると当然、社会は安定し、より強固にまとまっていく。権力者が特定の宗教を保護したり、国教として定めたりしたのも、そう考えると納得がいきますね。

貨幣・帝国・宗教は虚構である

ハラリさんがなぜ貨幣・帝国・宗教を、人類を統一に向かわせるための重要な要素ととらえたのかは、今の話でおおよそ理解していただけたと思います。

しかし、ここで彼はきわめて重大なことを主張します。貨幣も帝国も宗教も、みんなが「ある」と信じているから、あたかも実在しているように見えるだけで、実際には存在していない。つまりこの三つは虚構、「共通の神話」に過ぎないと言うのです。

一瞬ぎょっとしますが、たしかにそのとおりです。その証拠に、三つともみんなが信じているときは成り立っていますが、共通意識が失われた途端、すぐに消滅してしまいます。

たとえば、私たちは当たり前のように貨幣には普遍的な価値があると信じていますが、住んでいる国が他国に支配されたり、権力構造が変化したりすると、それまで使っていた通貨はあっという間に価値を失ってしまいます。日本にもかつて藩札《はんさつ》や軍票《ぐんぴょう》といったものが流通していた時代がありましたが、今となってはただの紙くずです。

帝国（国家）という概念についても同じです。国と国とを分けている国境線も人間が勝手に引いた想像の産物にすぎません。その証拠に他国に侵略されてしまうと、もともとあった国家は消滅し、国境の位置は簡単に変わってしまいます。古い地球儀や世界地図が用をなさないのを見てもそれは明らかです。

宗教も同様で、なんらかの宗教を今みんなが信じていたとしても、それは永遠に続くものではなく、共通意識が失われると信仰の対象は変わってしまいます。

古代ギリシア・ローマにおける宗教の歴史を見てもそれがわかります。もともと古代ギリシア・ローマは典型的な多神教世界で、人々はギリシア・ローマ神話に登場するさまざまな神を自由に信仰していました。しかし、ローマ帝国がキリスト教を国教化したと同時に、それまで信じられていた神々は姿を消し、キリスト教一色に塗り替えられてしまったのです。

常に消滅する可能性を持っているという意味では、ハラリさんが言うように貨幣・帝国・宗教の三要素は実体を伴わない虚構、「共通の神話」ということになります。虚構という言葉は「嘘」や「偽り」といった悪い意味でとらえられがちですが、ハラリさんの素晴らしいところは、一方向から見て虚構を悪ととらえるのではなく、「虚構にこそ、人類が統一に向かった理由、ホモ・サピエンスが地球の覇者となった秘密が隠されている」と、その効用面を有意的に考えた点です。

そして、虚構を実体であるかのように頭の中で想定し、それを他者と共有できるようになると、同じ世界観・価値観を共通に信じた人々の間に、お互いに協力し合おうという意識が生まれ、集団での行動や作業が可能となります。広い世界がつながるのです。

こう考えていくと、先ほどお話しした「ホモ・サピエンスが、なぜこれほどまでに文明を発展させ、地上を支配する勝利者となりえたのか」という謎が解けてきます。ハラリさんは、次のようにサピエンスが生き残った理由を述べています。

これこそがサピエンスの成功のカギだった。一対一で喧嘩をしたら、ネアンデルタール人はおそらくサピエンスを打ち負かしただろう。だが、何百人という規模の争いになったら、ネアンデルタール人にはまったく勝ち目がなかったはずだ。彼らはライオンの居場所についての情報は共有できたが、部族の精霊についての物語を語ったり、改訂したりすることは、おそらくできなかった。彼らは虚構を創作する能力を持たなかったので、大人数が効果的に協力できず、急速に変化していく問題に社会的行動を適応させることもできなかった。(上巻52頁)

私たちホモ・サピエンスだけが覇者になれたのは、虚構を創作する能力を手に入れ、その虚構をみんなで信じたことで、大規模な集団行動ができるようになったからだとハラリさんはとらえたのです。

「集団行動を行う動物はサピエンスだけとは限らない。群れをつくって生活している動物はみんな集団行動を基本にしているではないか」と思われる方もいらっしゃるかもしれませんが、動物と人間の集団行動は似て非なるものです。動物は鳴き声やうなり声などを使って、敵が近づいたことや餌《えさ》のありかを仲間に伝えますが、伝達できるのは目に見えている事実だけです。それに対してサピエンスは、卓越した言語能力を使って、事実だけではなく、頭の中で想像したことも他者に伝えることができます。

では、虚構をみんなで信じると、どうして大規模な集団行動が可能になるのでしょうか。こんなふうに考えてみてください。「よいことをすれば天国に行けるけれど、悪いことをすれば地獄に落ちる」と誰かが言いはじめたとします、みんながそれを信じると何千、何万もの人がいっせいに「天国に行きたいからよいことをしよう」と考えて同じような行動をします。つまり、誰もが共通に信じることができる普遍的な力や法則を言葉で語れるようになったことで、大規模な集団行動が可能になったのです。

こうした能力をなぜサピエンスだけが手に入れることができたのかは、はっきりしませんが、ハラリさんは七万年前から三万年前にかけてサピエンスのＤＮＡに突然変異が起こったのではないかと考え、それを「認知革命」と呼んでいます。

動植物を神として崇める

ここで話題を宗教に絞りましょう。ハラリさんは『サピエンス全史』の中で「宗教は、超人間的な秩序の信奉に基づく、人間の規範と価値観の制度」であると、非常に明確に宗教を定義づけています。素晴らしい定義です。ここで使われている「超人間的な秩序」とは、必ずしも神様がつくった秩序のことだけを言っているわけではなく、「人間が生み出したものではない秩序」という意味にとらえておいてください。

「宗教とは、神様や霊的な力を信じるものだ」と思われるかもしれませんが、じつは宗教と呼ばれるものの中には、神の存在を想定していないものも数多く存在します。

たとえば仏教もその一つです。仏教では超越的な神の存在や霊的な力を否定し、「ダルマ（法）」と呼ばれる自然法則のみがこの世を司《つかさど》っていると考えます。仏教の世界観についてはのちほど詳しくお話ししますが、ハラリさんが宗教を定義する際に「神」という言葉を使わずに「超人間的な秩序」という言葉を使ったのを見ても、彼は「仏教とは何か」をしっかり理解していることがわかります。

では次に、古代から現代に至るまでの宗教の歴史について見ていきましょう。まずは宗教のはじまりから。もともと宗教の歴史は、部族や血族といった小さな集団が自然界の動植物を「神」として崇めることからスタートしました。いわゆるトーテミズムやアニミズムと呼ばれる原始信仰です。

私たちの祖先が動植物を崇拝するようになったという現象には、当時、人間が狩猟採集生活を送っていたことが関係しています。狩猟採集によって食べ物を得ていた時代、人間は常にほかの動物から命を狙われる存在でもありました。そうした状況下では、野生動物たちのパワーに畏敬《いけい》の念を抱くようになるのも当然です。それがやがて動植物を神として崇める信仰へとつながっていったのです。

狩猟採集時代は、人間と動物の関係性も今とはかなり異なっていました。現代人の多くは「人間はこの世の支配者であり、ほかの動物とは違う特別な生き物である」と思っていますが、当時の人々は「人間は自然の中では取るに足らない存在であり、人間と動物は同じレベルの生き物で、そこには上も下もない」と考えていたようです。

なぜそう考えたかと言えば、狩猟生活を続けるなかでは、私たち人間が野生動物に勝利することもあれば、逆に殺されることもあったからです。運がよければ人間が熊を射止めるし、運が悪ければ熊に人間が殺される。ということは、力関係では人間と動物は同じレベルの世界を生きている、すなわち同等の権利と力を持っていることになるのです。

多神教時代の到来

やがて、狩猟採集時代が終焉《しゅうえん》を迎えて農耕時代に入ると、人間の信奉の対象が変化します。アニミズム的な信仰が完全に失われたわけではありませんが、人々は野生の動植物以外のものを神として崇めるようになっていったのです。

なぜ農耕時代になって、野生の動植物たちが神の座を奪われることになったのか。その理由をハラリさんは次のように説明しています。

農業革命には宗教革命が伴っていたらしい。狩猟採集民は野生の動物を狩り、野生の植物を摘んだが、それらの動植物はホモ・サピエンスと対等の地位にあると見なすことができた。人間がヒツジを狩るからといって、ヒツジが人間に劣ることにはならなかった。トラが人間を狩るからといって、人間がトラに劣ることにならないのと、まったく同じだ。生き物は直接意思を通わせ、共有している生息環境を支配している規則について交渉した。それとは対照的に、農耕民は動植物を所有して操作しており、自分の所有物と交渉するような、自らの体面にかかわるようなことはほとんどできなかった。したがって、農業革命の最初の宗教的結果として、動植物は霊的な円卓を囲む対等のメンバーから資産に格下げされた。（下巻12頁）

農耕の時代になって、これまでの人間と動物の関係性に変化が生じたのがその理由だとハラリさんは述べています。どういうことかと言えば、農耕や畜産を行うようになると、人々は土地を囲い込み、その場所を支配しようとしはじめます。そうなると当然、畑を荒らして家畜を襲う野生動物は、閉め出すべき邪魔者ということになります。つまり、狩猟採集時代は同レベルだった人間と動物の関係が、農耕時代になると動物は人間より下の存在、人間に支配される存在となったことが、動植物が神の座から転げ落ちた理由だというわけです。

そして人間は動植物に代わって、もっと大きくて「人間がコントロールすることのできない普遍的な力」を神とみなすようになっていきます。陽光として降り注ぐ太陽の神、作物の生長に不可欠な雨を降らせる神、別の部族から土地を守ってくれる軍神などが、新たに信仰されるようになった神です。こうした神々はそれぞれ役割分担がなされていたことから、やがてはアニミズムに変わって「多神教」の時代が到来します。

多神教とはその言葉のとおり、「この世には異なる力を持った複数の神々が存在し、それぞれが分担しながら私たちの願いを叶えてくれている」と考える宗教です。多神教の神々のほとんどは、太陽や月、雨、川といった農耕に関係した自然現象や気候がおおもとになっているのを見ても、農耕生活のはじまりとともに多神教が生まれたことがわかります。

日本神話にも太陽の化身とされる天照大御神《あまてらすおおみかみ》（アマテラス）、谷間の龍神・水神である闇淤加美神《くらおかみのかみ》（クラオカミ）、闇御津羽神《くらみつはのかみ》（クラミツハ）などが登場してきます。同じく古代ギリシアや古代インドの神話にも、自然現象の化身としての神々が多く描かれています。

人々はこうした複数の神々を状況に合わせて使い分け、干ばつのときには雨の神に、洪水のときには川の神や太陽の神に、といった具合に、目的別に祈りを捧げるようになっていきました。どの神も当時の人々にとっては、農耕生活を送るうえでは欠かせない存在であったでしょう。

とはいえ、すべての神が並列に存在していたわけではありません。神々にはヒエラルキーがあるとする多神教世界では、神々の中に特別な存在として「最高神」を置くという一神教的な考え方が生まれるようになったのです。

たとえば今のヒンドゥー教のもとになった、インドのバラモン教は、たくさんの神々の中に宇宙の源であるブラフマンや、世界創造の源であるヒラニヤガルバ、宇宙の秩序を意味するリタといった超越的な神を置いています。ギリシア神話にも、神々と人類の両方を支配する全知全能の神ゼウスや、運命の女神モイライ三姉妹などが登場します。日本神話でも太陽の化身である天照大御神は、すべての神の上に君臨する主神ということになっています。

しかし、多神教の神々の中にヒエラルキーがあり、トップに全能の神が存在すると考えると問題が一つ生じてしまいます。もしも本当に全能の最高神が存在するのならば、願いごとは全部その神に頼めばいいということになってしまい、ほかの神々が存在する意味がなくなってしまうのです。最高位の神を想定しながら、さらにその下に多くの神々を置くとしたら、その最高神の役割はどうなるのでしょう。

じつは、多神教における最高神というのは「ただそこにある」としか言いようのない非生命的存在で、人間がコミュニケーションをとろうとしてもとりようがなく、人間に対してなんの働きかけも行わないことになっていたのです。

会社組織にたとえるなら最高神は、企業の会長のような存在と言ってもいいのかもしれません。名誉職である会長は、たまに出社するだけで実務的なことは何もしません。出社しても立派な椅子《いす》に座って、昼飯時には高級なウナギやステーキなんかを食べている。まことに失礼かもしれませんが、私が抱く企業の会長のイメージはそんな感じです（間違っていたらお許しください）。

こんなふうに会長自身は何もしないのですが、存在として最高位に立っている。しかし、それでは会社が回っていかないので、その下では社員たちがそれぞれの部署で一所懸命働いている。この社員にあたるのが、多神教における多くの神々です。つまり、多神教の中に最高神が存在しながらもほかの神々がいるのは、何もしない最高神に代わって、人々の願いを叶える実行役が必要だったからなのです。

多神教から一神教の時代へ

多神教の時代が続くなかで、やがて新しい動きが起こります。多神教信者たちの間で「たくさんいる神々のうち、私たちが信じている神（守護神）だけが唯一絶対の神で、宇宙の至高の存在である」と勝手に宣言するグループが現れたのです。

ここで注目していただきたいのは、「私たちが信じている神」は、万人を救ってくれるとは考えずに、「私たちのためだけに働いてくれる」と考えた点です。つまりこれは「限られた人をえこひいきする神」を新たに創造したことになります。本来は複数の神々が役割分担しながら、万人のために働いてくれるという自然な考え方だったところに、その役割をすべて一つの絶対神に集約してしまったことによって、「万能の唯一神がいて、その働きは、えこひいきする対象を選別し、その対象にだけあらゆる恩恵を与えることである」という、新たな世界観が登場したのです。

こうして誕生したのが、自分たちだけの願望を、すべて叶えてくれる唯一の神が存在すると考える「一神教」です。何もするべき仕事のなかった絶対神が、「選別した者を救う」という仕事に就いたのです。これは言うまでもなくユダヤ教のことを指しています。ユダヤ教はヤハウェという神のみを信じる一神教で、ヤハウェが救ってくれるのはイスラエルという狭い地域に住むユダヤ民族に限られていました（これを「選民思想」と言います）。

ユダヤ教はほかの地域や民族へと広がることもなく、今もユダヤ人のための宗教に留まっていますが、これは当然です。ユダヤ教はユダヤの民だけをえこひいきする宗教なので、布教しても無意味だし、たとえ布教活動を行ったとしてもほかの民族がユダヤ教を信じるはずはないからです。この段階の一神教を、ハラリさんは、宣教を行わず拡大方向には向かわなかったという意味で「局地的一神教」と呼んでいます。

やがてユダヤ教から派生してキリスト教が誕生しますが、キリスト教はユダヤ教とは異なりどんどん信者を増やしていき、ついには世界宗教へと大躍進を遂げます。キリスト教もユダヤ教も、唯一絶対の神を信じる一神教という点では同じであったはずなのに、なぜキリスト教は世界宗教になりえたのでしょうか。その理由をハラリさんは次のように述べています。

大躍進はキリスト教とともに起こった。この信仰は、ナザレのイエスが待望の救世主《メシア》であるとユダヤ人を説得しようとしたユダヤ教の小さな宗派が始めた。だが、この宗派の初期指導者の一人であるタルススのパウロは、こう考えた。もし宇宙の至高の神的存在が関心を持ち、えこひいきをするなら、そしてもし、その神が人類の救済のためにわざわざ人間としてこの世に生まれ、十字架の上で亡くなったのだとしたら、それはユダヤ人だけではなく、あらゆる人の耳に入れるべきことだ、と。したがって、イエスについての喜ばしい言葉（福音）を、世界中に広めることが必要となった。（下巻19頁）

要するに、キリスト教の初期指導者パウロが「我らの神はユダヤ民族だけをえこひいきする神ではなく、人類すべてを救ってくれる神である」と宣言したことで、キリスト教は局地的一神教から世界宗教へと一歩足を踏み出すことになったというわけです。

では、なぜパウロは、神はユダヤ人だけでなく全人類を救ってくれると考えたのでしょうか。ユダヤ教もキリスト教も、信じている神は同じですから、本来ならば救済対象が違うなどということはありえません。それなのにパウロが神の救済対象を全人類へ拡大したのは、イエスの存在があったからです。

キリスト教には三位一体という概念があり、イエスは神の子であり、「父なる神（主）」と「イエス・キリスト」と「聖霊」は一体であると考えます。イエスは全人類の贖罪《しょくざい》のために この世に現れ、全人類の身代わりとして十字架にかけられたことになっているので、三位一体の考え方からすると、これは神（主）が全人類の救済を望んだととらえることができるのです。

その後、三九二年にローマ皇帝がキリスト教を国教として定めたのをきっかけに、キリスト教は急速にヨーロッパ全土へと拡大していくことになります。キリスト教が拡大していった経緯については、第二講で詳しく見ていきます。

第二講

一神教、二元論、そして仏教

戒律とは何か

神の救済対象がユダヤの民から全人類へと拡大されたことで、キリスト教は世界宗教への道を歩みはじめたわけですが、引き換えに犠牲にしたものがあります。それは、厳格な戒律生活です。もともとユダヤ教では、さまざまな生活のルールが定められていて信者たちはそれを忠実に守って暮らしていました。しかし、キリスト教は、そうした決まりごとのほとんどを捨ててしまったのです。

ここで少しユダヤ教の戒律（本来は「律法」と言うのが適切です）について紹介しておきましょう。ユダヤ教には六百以上もの「してはならない」ことが定められているのですが、特に厳しく規制されているのが食べ物です。「カシュルート（コーシャ）」と呼ばれる食戒律がユダヤ教にはあり、食べてよいものと食べてはいけないものが細かく決められています。

魚介類では、ウナギなどの、鱗《うろこ》や鰭《ひれ》のない魚、タコやイカなどの軟体動物、貝類、甲《こう》殻《かく》類は食べてはいけません。動物の肉では、割れた蹄《ひづめ》を持ち反芻《はんすう》を行う草食動物（牛や羊）しか許されておらず、蹄はあっても反芻をしない豚は特に不浄なものとして触れることすらも厳しく禁じられています。血の摂取も厳禁で、牛肉や羊肉であっても血がしたたるようなレアステーキは食べられません。

一風変わったところでは、乳製品と一緒に調理した肉も禁じられます。乳製品と肉を別々に食べることは許されますが、その場合も胃の中で混ざらないように、一～六時間置いてから食べる決まりとなっています。なんともややこしいルールですが、厳格なユダヤ教徒は今もこれらの規則を守って暮らしています。

それにしてもいったいどんな理由で、こうした細かいルールが定められたのでしょうか。古代社会は衛生意識が浸透していなかったため、信者たちの健康を守るために食戒律が定められたという説もありますが、あまり説得力は感じられません。そのへんの事情についてはユダヤ教の聖典である『旧約聖書』に書かれていないので、戒律自体にはそれほど深い意味はないと思います。

では、なぜ厳しいルールを定めたのか。それは、神にえこひいきしてもらうためには、なんらかの欲求を我慢してみせることで、自分たちがほかの民族とは違う特別な存在であることを神に示す必要があったからです。ハラリさんはこれを「私たち」と「彼ら」という区分で説明しています。

他者とは違った、極端にストイックな行為を選択することによって、自分たちを特別な存在に押し上げるという考え方は、ユダヤ教に限ったものではありません。

たとえば日本の天台宗には、「千日回峰行《せんにちかいほうぎょう》」という厳しい修行を実践する方がおられます。これは約千日間に渡って深夜の比叡山やふもとの地域を走ってまわる荒行《あらぎょう》のことで、達成した人には「北嶺大先達大行満大阿闍梨《ほくれいだいせんだつだいぎょうまんだいあじゃり》」という称号が与えられます。

常人には到底できることではありませんが、一方で、釈迦が「苦行では悟れない」と語っていたことを思うと、これは悟りを開くための修行というよりもむしろ、ほかの人ができないことを実行することに意味があり、それを達成することで人とは違う特別な存在になることを目的とした修行だと考えれば納得できます。

仏教の話が出たので、仏教における戒律についても少しお話ししておきましょう。仏教の僧侶は精進《しょうじん》料理を食べるものだと思っておられる方も多いのではないかと思いますが、それは後になって入ってきた風習で、仏教はもともと、肉や魚を食べてもよい宗教です。お釈迦様も肉や魚を召し上がっていました。

仏教が禁じるのは肉や魚を食べることではなく、生き物を殺すこと、つまり殺生《せっしょう》です。肉や魚を食べるために生き物を殺すなら、それは殺生戒を犯すことになりますから固く禁じられます。

しかしたとえば、信者さんがご飯の残り物の肉を托鉢《たくはつ》の鉢に入れてくださったなら、それはありがたくいただけばよいのです。仏教で殺生が禁じられるのは、他者の命を奪うという行為が、悪業《あくごう》となって将来の自分に報いをもたらし、さらにはその人を、冷酷で劣悪な人間にするからです。その一方で、単に肉食をするだけなら、それは修行の妨げにはなりません。このようにちゃんとした理由があって、仏教では殺生が禁じられ、その一方で肉食は許されているのです。

このほかにも、仏教には何百という戒律の規則が決められていますが、それらは皆、正しい修行生活を続け、自己を向上させていくために設定されたもので、すべて合理的な設定理由が付されています。ユダヤ教の戒律のように、神にえこひいきしてもらうことを目的としたものではありませんし、それを守ることで特別な人になることができる、というものでもありません。「鱗のない魚を食べてはいけない」というような、制定理由が不明な規則は一つもないのです。

キリスト教とイスラム教の勢力拡大

キリスト教に話を戻しますと、ユダヤ教と同様に『旧約聖書』を聖典としていますから、いわゆる「モーセの十戒」にある「殺人を犯すな、姦淫《かんいん》するな、盗むな、嘘をつくな」といった道徳的なルールはあります。しかし、ユダヤ教で定められていたような食事に関する特殊な制限はありませんし、特別な努力や忍耐を必要とする戒律はほとんど存在しません。

では、キリスト教はなぜ戒律を捨てたのでしょうか。じつは、これらを捨てたのはイエスではなく、ペテロやパウロら初期のキリスト教指導者たちです。彼らは次のように考えたのでしょう。「キリスト教で一番大切なのは戒律を守ることではなく、その上に来る信仰の気持ちであり、神に対する信仰の気持ちを強く持てば、それが戒律の生活に変わるはずだ」と。キリスト教を世界中に広めるためには、「私たち」と「彼ら」を区別するための戒律など放棄すべきだと判断したのだと思います。

やがて七世紀に入ると、ユダヤ教とキリスト教の影響を受けて、もう一つの一神教であるイスラム教がアラビア半島で産声《うぶごえ》を上げます。イスラム教というと、皆さんはとても厳格な宗教というイメージを持っておられるかもしれません。たしかに、「豚を食べてはいけない、酒を飲んではいけない、年にひと月（イスラム暦の九月）の断食（日の出から日没まで）や一日に五回の礼拝を欠かしてはならない」などといった規則があることで、同じ一神教でも、キリスト教よりもユダヤ教に近い印象を受けるかもしれません。

しかし、イスラム教が手本としたのはユダヤ教とは逆、つまり「民族宗教」ではなく「世界宗教」を目指したキリスト教の方向でした。ハラリさんは『サピエンス全史』に次のように記しています。

キリスト教の成功は、七世紀にアラビア半島に出現した別の一神教、すなわちイスラム教のお手本となった。キリスト教と同じでイスラム教も、世界の片隅で小さな宗派として始まったが、キリスト教の場合よりもさらに不思議で素早い、意外な展開によって、アラビアの砂漠を抜け出て、大西洋からインドにまで広がる巨大な帝国を征

服した。それ以降、一神教の考え方は世界史の中で主要な役割を演じてきた。（下巻19－20頁）

見方によっては、厳しい戒律で自分たちを縛り、神からの特別扱いを期待して局地的一神教に回帰したように映るイスラム教が、なぜキリスト教と同じ拡大の道を進むことになったのでしょうか。

ハラリさんはそれ以上のことをこの本では言及していませんが、一つの理由として、弱者救済、相互扶助などを説いたシンプルな教義が、ほかの地域の人々に受け入れられやすかったことがあると思います。

イスラム教には、キリスト教の神父や牧師のような聖職者はおらず、すべての人間は人種や民族、男女に関係なく平等であると考えます。入信の際も洗礼のような特別な儀式はなく、二人の信者の前で「アッラーは唯一の神であり、ムハンマドはアッラーの使者である」という信仰告白の言葉をとなえるだけで、すぐにイスラム教徒として認められます。そうした親しみやすさや寛容さが人々の心をつかんだことは間違いないでしょう。

こうして、キリスト教とイスラム教は拡大を続け、一五〇〇年頃にはヨーロッパと西アジア、北アフリカにまで広がり、その地域で生活する人の大半が、この二つの宗教のどちらかを信奉するまでになっていきました。

一神教の特異性

こうして、ある意味、宗教の特殊例として登場した一神教宗教ですが、そこにはきわめて強力な救済の力が含まれています。

一神教の信者たちは、唯一絶対の神のメッセージを自分たちがすべて受け止めていると考え、その代わりに神は自分たちに惜しみなく愛を注いでくれると信じます。そう思えたら、自分たちは常に神に守られているという確信の中で生きることができる。つまり、最上の心の安定が保たれるという意味で、それは人間にとって非常に幸せなことです。いったんこの救済力が意識されると、もはやいかなる現実世界の権力も、それに対抗することができなくなります。唯一絶対神の恩寵《おんちょう》を受けて生きる人以上に、強くて幸福な人などありえないからです。

しかし、こうして一つの神だけをあまりに強く信じるようになると、心の安定が得られる一方で、やっかいな問題が起こりうるとハラリさんは言います。

一神教信者はたいてい、自分は唯一絶対の神の全メッセージを有すると信じているので、他の宗教はすべて偽りと見なさざるをえなかった。過去二〇〇〇年にわたって、一神教信者は、暴力によってあらゆる競争相手を排除することで、自らの立場を繰り返し強めようとしてきた。（下巻20頁）

一つの神を強く信じると、自分が信じた神の言葉とは違うことを「神の言葉だ」と誰かが言いはじめた場合、その人の言っていることは嘘で、絶対に認めるわけにはいかない、と激しく攻撃するようになります。そして最悪の場合、彼らを異教徒・異端者として、暴力で排除するという危険な方向へと進んでいきます。過去に起こった数々の宗教戦争や、現在のキリスト教圏とイスラム教圏の対立を見ても、それは明らかでしょう。

一方、多神教信者はもっと寛容です（もちろん一般論としてですが）。自分が信じていることと違うことを「神の言葉だ」と誰かが言ったり、自分たちとは違う神を信じる人が現れても、それだけが原因で排除したり攻撃することはほとんどありません。多神教の神々はいろんな仕事を分担し、それぞれに考え方も違っているのが当然なのですから、ある神様と別の神様の言うことが違っていたとしても、大した問題ではありません。それぞれの神様が状況に応じて違うことを語ったと考えれば、それだけのことです。

そのため、多神教を信じて小さな集団に分かれて暮らしていた時代は、宗教観の違いで戦争が起きることはほとんどなかったと思います。食物や農地を奪うといった実利的なことや、儀礼的な慣習としての殺し合いで争いが起こることはあっても、「あいつらは異端の神を信じているから皆殺しにしよう」などといった宗教戦争のようなものは起こらなかったはずです。

一つの神をひたすら信じるのはけっして悪いことではありません。しかし、一神教が「神のもとでは、すべての人間は平等である」と説くその真意が、「我々の信じる唯一絶対の神のもとでは、その神を信じる者だけがすべて平等である」ということである以上は、「その神とは違う神を信じる者は許さない」という排他的な一面も持ち合わせていることは、十分理解しておくべきでしょう。

善神と悪神が闘っている

さて、キリスト教やイスラム教が世界中に拡大したことで、世界は多神教の時代から一神教の時代へと移っていきますが、同じころ、多神教から「二元論宗教」という別の流れも起こっていました。「二元論宗教」とは聞き慣れない言葉かもしれませんが、「善と悪」「光と闇」といった、相反する二つの神の存在を信じる宗教の総称です。

二元論宗教の元祖とされるのが、古代ペルシアで誕生したゾロアスター教です。ゾロアスター教では、単一の神がこの世のすべてを支配しているのではなく、「この世界には善としての光（火）の神と、悪としての闇の神が存在し、常に闘いを繰り広げている」と考えます。

三世紀にゾロアスター教から派生し、一時期は北アフリカ、イベリア半島から中国にかけてのユーラシア大陸一帯にまで広がったマニ教も、同じく二元論宗教です。マニ教はゾロアスター教のほか、キリスト教や仏教などの影響も受けているため混淆《こんこう》宗教とも言われますが、基本的には二元論をベースにしていて、「宇宙は光と闇、善と悪、精神と物質のそれぞれ二つの原理の対立に基づいている」と考えます。

現在、マニ教はほぼ消滅寸前にまで衰退し、ゾロアスター教もイランやインドの一部地域に住む人たちだけの少数派宗教となってしまったのを見ると、歴史的にはそれほど重要ではなかったと思われるかもしれません。

しかし、二元論宗教は一神教よりもよほど理屈に合った宗教です。ハラリさんは、二元論宗教の魅力や優位性を次のように説明しています。

二元論が非常に魅力的な世界観なのは、人類の思想にとって根本的な関心事の一つである、有名な「悪の問題」に、それが短くて単純な答えを出せるからだ。「世界にはなぜ悪があるのか？　なぜ苦しみがあるのか？　なぜ善い人に悪いことが起こるのか？」一神教信者は、世界にこれほどの苦しみが起こるのを全知全能の、完璧に善い神が許す理由を説明するのに四苦八苦する。よく知られている説明には、神はそうすることで人間に自由意思を持たせているのだ、というものがある。もし悪というものがなければ、人間は善と悪を選べないから、自由意思もありえないというわけだ。だが、これは直観で得られる答えではなく、ただちに新たな疑問が多数湧いてくる。自由意思があれば、人間は悪を選ぶことができる。事実、多くの人間が悪を選び、標準的な一神教の説明によれば、その選択は必ず神による罰を招く。特定の人が自分の自由意思を使って悪を選び、その結果、地獄で永遠の責め苦によって罰せられるのを神があらかじめ知っているのなら、神はなぜその人を造り出したのか？　神学者たちはこの手の疑問に答えるために、無数の本を書いてきた。そうした答えに納得する人もいれば、納得しない人もいる。一神教信者が「悪の問題」を処理するのに苦労していることは否定できない。

二元論者にとって、悪を説明するのはたやすい。善い人にさえ悪いことが起こるのは、善き神が独力で世界を支配しているわけではないからだ。神とは別個の悪の力が世界には野放しになっている。その悪の力が悪さをするのだ。（下巻22-23頁）

長めの引用になってしまったので、少し解説を加えておきましょう。

ハラリさんはまず、一神教では「悪の問題」を説明できないと指摘します。一神教では世の中のすべてを全知全能で善なる唯一の神がつくったと考えますが、もしそれが本当だとしたら、この世に不幸や悪が存在するのは理屈に合いません。なぜなら、神が全能ならば、最初から悪や不幸のない世界をつくれたはずだからです。それなのに現実世界には「善と悪」「幸と不幸」の両方が存在している。これは明らかに、一神教の教えと矛盾します。

この世に悪が存在する理由を「神はそうすることで人間に自由意思を持たせている」（人間に善と悪を自由に選ぶ権利を与えた）と考えることも可能ですが、やはりこれも理屈に合いません。もしそうだとしたら、人間は悪を選んでも許されることになる。現実に悪を選ぶ人も大勢いて、一神教では悪を選んだ人には、神自らが罰を与えることになっていますが、だとすると神は人間に罰を与えるために悪をつくったことになってしまいます。善なる神がそんなことをするはずはありません。このように、どうやっても一神教では悪の問題に答えを出すことはできないのです。

一方で、二元論的に考えると辻褄が合います。二元論宗教では「この世界では、人間に善を勧める神と、悪を勧める神が絶えず闘っている。私たち人間がやるべきことは、善の神とともに悪の神を倒すために闘うことである」と考えるため、この世に悪や不幸が存在していても矛盾は生じません。二元論宗教は、こうしたわかりやすい世界観を示したこともあってでしょうか、千年以上にわたって世界中で隆盛をきわめ、四世紀頃の古代ローマにおいては二元論宗教のマニ教が、キリスト教に拮抗《きっこう》するほどの勢力を誇っていたと伝えられています。

しかし、最終的にローマ皇帝はマニ教ではなく、一神教であるキリスト教を国教化し、二元論宗教はやがて世界の片隅へと追いやられてしまいます。なぜローマ皇帝は理屈に合ったマニ教ではなく、矛盾を抱えたキリスト教を選んだのでしょうか。ハラリさんは二元論宗教の弱点を「「悪の問題」は解決できても、「秩序の問題」にはたじろいでしまう」と指摘します。「秩序の問題」とは「この世界の秩序や法則を執行しているのは誰なのか」という根本的な疑問のことです。

二元論宗教では、善と悪が世界の支配権をめぐって闘っていると考えます。当然、善が勝利してしかるべきだと誰もが思いたいところですが、それを正当化するには、絶対的な宇宙法則を執行する大きな存在が必要です。しかし二元論宗教では、善の神と悪の神の力が拮抗しているとだけ言っていて、どちらが勝利すべきかを決める存在をその上に想定していません。二元論宗教では、善の神と悪の神を並列に置き、悪の力は独立した力であり、善き神によって創造されたものでもなく、善き神に従属するものでもないと考えるのです。

そうなると、私たち人間は何が正しいのかはっきりしないまま、混沌とした世界を生きなければならなくなってしまいます。それだったら多少矛盾があっても、すべての法則を一人の神が司っていると考える一神教を信じたほうがいいという話になったのではないか——。本当のところはわかりませんが、ローマ皇帝がキリスト教を国教に選んだのも、おそらくそうしたことが理由の一つにあったのではないかと思います。

人格変容の力を持つ一神教

また、十八世紀のイギリスの歴史学者エドワード・ギボンは、大著『ローマ帝国衰亡史』の中で、キリスト教が古代ローマで勢力を拡大できたのは「キリスト教には人間の人格を変えてしまう力があったから」という説をとなえています。古代ローマの時代には、極悪人だった人がキリスト教を信じた途端に善人に変わったということがたびたびあったようで、それを見た人たちが興味を抱き、ほかの宗教から改宗する人が増えていったというのです。

日本でも、かつてヤクザだった人がキリスト教を信じて回心し、立派な牧師になったという話を聞きますが、実際にそういうことがキリスト教を信じると頻繁に起こるらしい。人格変容は多神教や二元論宗教を信じていても、なかなか起こりません。なぜなら、多神教では神が複数存在するため、言っていることがそれぞれに違っていて、教育効果が低く、一つの教えにはなかなか染まりにくいからです。

他方、一神教を信じた人は、神と自分が一対一で向かい合い、神の言うことを丸ごと受け止めようとします。そうなると一挙手一投足、すべての行動や思いが一人の神によって拘束されることになるので、人格変容が起こりやすくなるのです。

このようにしてローマ帝国がキリスト教を国教化したことで、一神教は、多神教や二元論宗教を押しのけて勢力を拡大していくことになりましたが、一方で二元論宗教を完全に消し去ろうとはしませんでした。ハラリさんによれば、現在の一神教の教義は、二元論宗教の世界観を取り入れてつくられています。その証拠に、キリスト教では悪魔（サタン）の存在や、天国と地獄といった概念を認めています。悪魔も地獄も、もともとのキリスト教には存在しなかったはずなのに、帳尻合わせのために「悪の存在」を容認することにしたのです。これはイスラム教やユダヤ教も同じで、全能の絶対神と、それとは独立した悪魔や悪の力の存在を認めています。

右のような事情を知ると、キリスト教をはじめとする現在の一神教は、純粋な一神教とは異なる別の宗教ということになってしまいますが、ハラリさんはそれをマイナスと見るのではなく、次のようにプラスにとらえています。

　じつのところ一神教は、歴史上の展開を見ると、一神教や二元論、多神教、アニミズムの遺産が、単一の神聖な傘下で入り乱れている万華鏡のようなものだ。平均的なキリスト教徒は一神教の絶対神を信じているが、二元論的な悪魔や、多神論的な聖人たち、アニミズム的な死者の霊も信じている。このように異なるばかりか矛盾さえする考え方を同時に公然と是認し、さまざまな起源の儀式や慣行を組み合わせることを、宗教学者たちは混合主義と呼んでいる。じつは、混合主義こそが、唯一の偉大な世界的宗教なのかもしれない。（下巻26頁）

一神教は、さまざまな宗教を取り込みながら変化していったことで、オリジナルの教えとはかけ離れたものになってしまいました。しかし、だからこそ一神教は多くの人に受け入れられて世界的宗教になりえたのではないかというわけです。この箇所を読んだだけでも、ハラリさんが、一方向からではなく、立体的に、多面的に宗教を見ていることがわかります。

自然の法則を信じる宗教

ここまでの話を聞いて、「仏教はまだ出てこないのか」と疑問に思った方もいらっしゃるかもしれません。仏教が誕生したのは紀元前五世紀頃なので、たしかにキリスト教やイスラム教よりもずっと古い宗教です。それなのにハラリさんが仏教の説明を後回しにしたのにはわけがあります。仏教はこれまで解説してきた多神教・一神教・二元論宗教とはまったく異なるジャンルの宗教であり、同じ流れの中では語ることのできないものだからです。

それでは順序が逆になりましたが、いよいよ仏教の話に入ります。紀元前一千年紀、多神教や一神教とは明らかに異なる「自然法則を信奉する宗教」がアフロ・ユーラシア大陸で広がりはじめます。その代表格が、古代インドに誕生したジャイナ教と仏教です。ほかにも中国で誕生した道教や儒教、ヘレニズム時代に古代ギリシアで生まれたストア主義やキニク主義、エピクロス主義なども、この一派に属するとハラリさんは述べています。これらに共通するのは「世界を支配している超人的秩序は神の意思や気まぐれではなく自然法則の産物である」ととらえた点です。

すぐに仏教の話に入りたいところではありますが、その前に、仏教以外の自然法則を信じる宗教について少しだけ触れておきましょう。

まずはジャイナ教。ジャイナ教は仏教とほぼ同時期にインドで誕生した宗教で、仏教が否定した苦行を肯定しているところが特徴的ですが、基本的な世界観や教義は仏教と似ています。私たちは業《ごう》という、一種の物質的悪要素が充満した世界で生きており、私たちが強い意思作用を起こすと、自動的にその業が私たちの内部に流入してきて、私たちを苦へ導くと考えます。ですからジャイナ教徒は、苦行や正しい生活によってその業を振り払い、二度と流入してこないように防御することで、真の安楽に到達できるというのです。

このジャイナ教の世界観においては、どこにも絶対神やありがたい救済者は想定されていません。この世を司っているのは自然法則であり、我々は、その法則を熟知することで、真の生活への道を見つけ出すことができるのです。このようにジャイナ教は、宇宙を支配しているのは神ではなく法則であり、欲を捨てて解脱《げだつ》を目指すことが心の安定につながると説きました。

中国に誕生した道教の場合なら、宇宙と人生の根源的な真理を「道（タオ）」と呼び、人間はそれに従って無為自然に生きるべきだと説き、仙人のような生活を理想と考えます。一方の儒教は、いわば道徳理論のようなもので、社会秩序を重視し礼を重んじて仁義を実践しながら、上下の秩序を守って生きることが幸せにつながるとしています。

ヘレニズム哲学の領域ならば、ストア主義は、「自然に従って生きる」をモットーとし、病や死も自然の中の不変の法則であり、人間がすべきことはそれを受け入れることだと言います。キニク主義はキュニコス派とも言い、無為自然を理想として物質的な贅沢《ぜいたく》を否定し、無欲、無所有こそが幸せの要件であると考えました。もう一つのエピクロス主義は、禁欲的なストア主義やキニク主義とは異なり、人間の生命も原子でつくられているので死を恐れるのは無意味だと説き、適度な快楽を求めるのは正しいと説いています。

これらが「法則を信じる一派」としてハラリさんが挙げた宗教です。理想とする生き方や幸福についての考え方はそれぞれ違っているものの、どれもが「神」の存在にはほとんど関心を示さず、なんらかの法則がこの世には存在し、それに従って生きることが幸福につながると説いているところがポイントです。

釈迦が発見した「この世の真理」

仏教もこれらと同じで、神を信じるのではなく、法則性の存在を信じる宗教です。「でも、仏教ではお釈迦様を神的存在として崇めているのだから、仏教も一神教では?」と思われる方がいらっしゃるかもしれません。

たしかに現在の仏教では、釈迦を神格化し仏像をつくって拝んでいます。しかし、仏教は本来、釈迦を超越者として崇拝するのではなく、釈迦が修行の末に発見した「この世の真理」を信じる宗教として誕生しました。釈迦というのは、その真理を発見し、私たちに教えてくれた偉人ですが、あくまで、インドに実在した私たちと同じ普通の人間なのです。

では、釈迦が発見した「この世の真理」とはいかなるものだったのか。

釈迦はまず「縁起《えんぎ》の法則」によって、この世界は成り立っていると考えました。縁起の法則では、すべての事柄や現象は独立して存在しているのではなく、原因があってはじめて結果として現れると考えます。これは科学でいう因果律と同次元の原理なので、そこには当然のことながら絶対神や霊的な神秘性などといったものは一切介在しません。

続けて釈迦は、すべての事柄や現象は縁起の法則の中で一瞬だけかたちとして現れているに過ぎず、あらゆるものは常に移ろい、変化し続けているととらえました。「私」という存在も同様です。「私」とか「私のもの」にも実体がなく、さまざまな関係性の中で一時的に存在しているだけで、永遠不変のものではないと考えます。

そして最終的に、釈迦は「人間の苦しみの原因となっているのは欲望（煩悩《ぼんのう》）であり、縁起の法則を理解し、法則を踏まえたうえで正しい生き方を選択すれば、欲望は消滅し、心の安寧が得られるはずだ」という結論にたどり着きました。

人間なら誰しも欲望を持っていて当然です。性欲、食欲、睡眠欲などは人間の本能として生まれつき備わっているものですし、どんな欲望も、それが叶えられれば喜びにつながることを思えば、「欲望＝生きるエネルギーの源」とも言えます。それなのに、なぜ釈迦は「欲望を苦しみの原因」ととらえたのでしょうか。その理由をハラリさんは、次のように説明しています。

心はたとえ何を経験しようとも、渇愛をもってそれに応じ、渇愛はつねに不満を伴うというのがゴータマ（釈迦＝引用者注）の悟りだった。心は不快なものを経験すると、その不快なものを取り除くことを渇愛する。快いものを経験すると、その快さが持続し、強まることを渇愛する。したがって、心はいつも満足することを知らず、落ち着かない。痛みのような不快なものを経験したときには、これが非常に明白になる。痛みが続いているかぎり、私たちは不満で、何としてもその痛みをなくそうとする。だが、快いものを経験したときにさえ、私たちはけっして満足しない。その快さが消えはしないかと恐れたり、あるいは快さが増すことを望んだりする。（下巻28－29頁）

「渇愛《かつあい》」とは仏教語で、喉の渇きに耐えかねた者が激しく水を求めるような強い欲望、執着（仏教では本来「執著《しゅうじゃく》」と書きます）を意味し、煩悩の中でもきわめて強いものだと考えられています。なぜ強いかというと、渇愛は常に不満を伴うからです。

何かを求める気持ちがあると、それが手に入らないときに私たちは不満を感じます。そして、たとえ求めていたものが手に入って一時的には満足したとしても、その快感がいずれ消えてしまうのではないかと恐れたり、さらにもっと強い快感を追い求めようとするので、渇愛はさらなる渇愛を生み出すことになります。

つまり釈迦は「欲望にはどこまで行っても終わりがないのだから、求めれば求めるほど苦しみは増す。苦しみから逃れる唯一の方法は、求める気持ちを消すことだ」と考えたのです。

続けてハラリさんは、仏教に説かれた「渇愛から抜け出すための方法」をこんなふうに説明しています。

ゴータマはこの悪循環から脱する方法があることを発見した。心が何か快いもの、あるいは不快なものを経験したときに、物事をただあるがままに理解すれば、もはや苦しみはなくなる。人は悲しみを経験しても、悲しみが去ることを渇愛しなければ、悲しさは感じ続けるものの、それによって苦しむことはない。じつは、悲しさの中には豊かさもありうる。喜びを経験しても、その喜びが長続きして強まることを渇愛しなければ、心の平穏を失うことなく喜びを感じ続ける。

だが心に、渇愛することなく物事をあるがままに受け容れさせるにはどうしたらいいのか？　どうすれば悲しみを悲しみとして、喜びを喜びとして、痛みを痛みとして受け容れられるのか？　ゴータマは、渇愛することなく現実をあるがままに受け容れられるように心を鍛錬する、一連の瞑想術を開発した。この修行で心を鍛え、「私は何を経験していたいか？」ではなく「私は今何を経験しているか？」にもっぱら注意

を向けさせる。このような心の状態を達成するのは難しいが、不可能ではない。（下巻29頁）

私たちは苦しいことや不幸なことに出会うと、そこから逃れたいと願いますが、その逃れたいと願うのも渇愛です。渇愛は、先ほど申し上げたように、それが叶おうが叶うまいが、さらなる苦しみを生み出すことになります。ですから、そこから逃げ出そうとするのではなく、「現実を、渇愛のない状態で、あるがままに受け容れるように」と釈迦は説いたのです。

人間は誰もが老・病・死の苦しみを背負って生きています。しかし苦しみを感じるのは、それに抗《あらが》おうとするからです。縁起の法則に従って「永遠の命など存在せず、人間は誰しも老いさらばえてやがては死ぬ」と考え、それを素直に受け止めれば、死に対する悲しいという気持ちは消えずとも、心は安定する――そう言っているのが、前半部分です。

後半部分では、仏教に示された「現実をあるがままに受け容れ」る方法が書かれていますが、ここでハラリさんは非常に深いことを言っています。釈迦が発見したのは、心を鍛えるためのトレーニング法であり、その瞑想《めいそう》修行で「私は何を経験していたいか？」ではなく、「私は今何を経験しているか？」に注意を向けることによって、心は鍛えられると言うのです。非常に的確な表現で、こんなふうに仏教を説明できる人は、お坊さんでもなかなかいないと思います。

ハラリさんはイスラエル出身のユダヤ教徒ですが、仏教に強い興味を持ち、ミャンマー人の瞑想指導者サティア・ナラヤン・ゴエンカさんのもとで瞑想修行に励んだこともあったそうです。瞑想の意味や目的を完璧に理解しているのは、おそらく実体験で仏教を学んだからでしょうが、さらに彼がすごいのは、釈迦の時代の仏教から大乗仏教成立に至るまでの仏教の流れについてもしっかり把握している点です。

心の鍛錬法として誕生した仏教が現世利益を求めるようになったこと、大乗仏教がインドのヒンドゥー教や日本の神道などの影響を受けて、新たにさまざまな仏や菩薩《ぼさつ》を信仰するようになったことなど、すべてわかったうえで仏教を語っていることに驚かされます。

本能とは逆に向かって進め

以上、仏教が神を信じるのではなく、この世の法則を信じる宗教だということは、ご理解いただけたと思いますが、じつは仏教にはもう一つ、ほかの宗教とは大きく異なる部分があります。それは、これまでお話ししたこととも関係してくるのですが、「人間の幸せをどうとらえるか」という問題についてです。

キリスト教やイスラム教では、欲求が叶うことが人間の幸せだと考えます。もちろん、その欲求の究極のかたちが、魂の救済、そして神との共住です。だからこそ「神様、どうか私の思いを受け取ってください」とひたすら祈ります。しかし、仏教はそれとは逆に欲求を消し去ること、すなわち、本能とは逆に向かって進むことが幸せになる唯一の道だと考えます。要するに「幸せとは何か」という問いに対して、仏教はほかの宗教とまったく逆の方向を見ているのです（ジャイナ教も仏教と同じ方向を目指します）。そういう意味でも仏教はきわめて特異な幸福への道を説いた宗教と言っていいでしょう。

また、キリスト教の解説のところで、「一神教は異教徒を攻撃したり排除する方向に進む傾向がある」というお話をしましたが、「釈迦の仏教」の場合は、自分たちとは違う宗教を信じる人を攻撃したり排除したりする傾向がきわめて低いという特徴を持っています。

それは、仏教が欲望を捨て去ることを善《よ》しとする宗教だからです。キリスト教の「教えを広めて、世界中の人たちを自分たちの考え方に同化させたい」という拡大欲も、ユダヤ教が抱いた「自分たちだけが神にえこひいきされたい」という特権欲も、仏教では捨てるべき欲望とみなしています。ですから仏教は本来、異教徒を一方的に攻撃したり排除したりする方向に進むことはない（はずな）のです。

その後、仏教はインドからアジア全土に拡大していき、今では世界宗教の一つとなったことを思うと、「欲を捨てよと言いながら、仏教もキリスト教と同じで、世の人々をすべて自分たちの教えに転向させたいという願望を持っていたのではないか」という疑念も浮かびます。たしかにその後の変容した仏教の中には、勢力拡大を強く打ち出す、欲望追求型の教派も多く現れました。しかしあくまで釈迦の教えには、布教して信者の数を増やしていこうという意思は見出せません。

ではなぜ、仏教は拡大していったのか。その理由は、のちほど第五講で改めてお話をいたします。

第三講　イデオロギーという名の宗教

資本主義も共産主義も宗教である

では第三講に入ります。これまでの講義で、宗教のはじまりから、ユダヤ教、キリスト教、イスラム教、そして仏教まで、さまざまな宗教形態の大きな流れについて見てきました。通常の歴史本ならば、「これで宗教についての話はひとまずおしまい」となるのですが、ハラリさんの話はまだ続きます。

ハラリさんは、次に近代へと視点を移し、既存の宗教に代わって台頭してきた「新宗教」に注目します。新宗教と聞くと、いわゆる新興宗教を思い浮かべる方もいらっしゃると思いますが、ここで言っている新宗教は、それとはまったく違うものです。ハラリさんは、近代に誕生した資本主義や共産主義、自由主義、国民主義といった「イデオロギー」を新たな宗教として見ているのです。

過去三〇〇年間は、宗教がしだいに重要性を失っていく、世俗主義の高まりの時代として描かれることが多い。もし、有神論の宗教のことを言っているのなら、それはおおむね正しい。だが、自然法則の宗教も考慮に入れれば、近代は強烈な宗教的熱情や前例のない宣教活動、史上最も残虐な戦争の時代ということになる。近代には、自由主義や共産主義、資本主義、国民主義、ナチズムといった、自然法則の新宗教が多数台頭してきた。これらの主義は宗教と呼ばれることを好まず、自らをイデオロギーと称する。だが、これはただの言葉の綾にすぎない。もし宗教が、超人間的な秩序の信奉に基づく人間の規範や価値観の体系であるとすれば、ソヴィエト連邦の共産主義は、イスラム教と比べて何ら遜色のない宗教だった。(下巻32頁)

大胆にして、正鵠《せいこく》を射た主張ですね。

「超人間的な秩序の信奉に基づく人間の規範や価値観の体系」というのが、ハラリさんが提示した宗教の定義です。この定義に沿えば、宗教は必ずしも神を信じるものである必要はなく、法則を信じるものも含まれる。資本主義も共産主義も、独自の法則性を信じ、それが生きていくうえでの規範、道筋になっている点ではたしかに宗教の一つです。

たとえば、資本主義国の人たちは「広い家に住んで便利なモノに囲まれて快適な暮らしがしたい。そのためにはお金をもっと稼がなければいけない」と考えて、毎日懸命に働いています。ほとんどの人は、それを人間として当然の行為と思っていますが、じつはよい暮らしをしたい、もっとお金を稼ぎたいと思うのは、「社会の発展が人間の幸福につながる。個人の富を増やしてモノを消費することが善である」という資本主義の原則を信じているからです。

一方、共産主義国の人たちは「働いて得た富はみんなで均等に再分配し、国民全員で幸せになろう」と考えて日々働いています。これも、もちろん当たり前のことではなく、「すべての人が平等に幸福になることが社会のあるべき究極の姿である」という共産主義の原則を信じているから、そう考えているだけのことです。

私たちは生まれながらに資本主義や共産主義といったイデオロギーにどっぷり浸かって生きているため、一定の法則（超人間的な秩序）が自分の思考や行動を支配していることに気づきません。しかし、じつは誰もがイデオロギーを信じて生きています。

既存の宗教とイデオロギーには、ほかにも類似点が多くあります。まず、どちらも開祖を置いているという点で共通しています。仏教徒がこの世の秩序は釈迦によって発見されたと信じているのに対し、共産主義者たちは、それはマルクス、エンゲルス、レーニンらによって発見されたと信じています。資本主義の場合は、アメリカ独立革命やフランス革命のような啓示的事件と、その事件の意味を語る経済学者たちが開祖としての役割を担っています。

また、既存宗教にもイデオロギーにも、予言めいた言葉が存在します。キリスト教の『新約聖書』には「やがて世界には終末が訪れ、救世主イエスが再臨し人類を救う」(「ヨハネの黙示録」)とあるのに対し、共産主義の聖典とも言うべきマルクスの『資本論』には、「階級闘争はプロレタリアートの勝利で幕を閉じる」という未来予想が書かれています。

このように比較してみると、宗教とイデオロギーとはじつは同じものであり、分けて考えるべきではないということがわかってくるのです。

イデオロギーが宗教を敵対視する理由

しかし、イデオロギーを宗教ととらえると、一つの疑問が生じてきます。「それでは、なぜ共産主義国はすべての宗教を人間にとって有害なものとみなして徹底的に排除しようとしたのか。もしイデオロギーも宗教だと考えるなら、宗教を否定することは自己否定するようなものではないか」と。

ロシアや中国が共産主義に向かう際、宗教を徹底的に排除しようとしたのは、皆さんもご存じでしょう。革命前のロシアでは、キリスト教の一派である正教会（ロシア正教）が広く信仰されていましたが、革命後の政府は正教会をはじめとするすべての宗教を弾圧しました。同様に中国共産党も、文化大革命の名のもとにすべての宗教を禁止し、教会や寺院、宗教的文化財を破壊しました。

マルクスの著書『ヘーゲル法哲学批判 序説』には、こんな宗教批判が書かれています。「宗教とは、追いつめられた生き物の溜め息であり、心なき世界における心情、精神なき状態の精神なのである。宗教こそは民衆の阿片である」（三島憲一訳、『マルクスコレクションⅠ』筑摩書房、二〇〇五年）

宗教を麻薬（アヘン）にたとえるとはひどい話に思えますが、マルクスがこのように宗教をとらえたのには理由があります。それは「民衆は、本気を出せば社会を変えられるのに、現状のままでよいと自分を納得させようとして麻薬のような宗教で目を曇らせている」と考えたからです。宗教を信じれば、つかの間ではあっても心が安定します。しかし、それではいけない、社会が変わらない以上また苦しみはやってくる。だから自分のために今こそ立ち上がれ——と、マルクスは言いたかったのです。

では共産主義の指導者たちは、どうして宗教をそれほどまでに毛嫌いし、排除しようとしたのか。理由は明確です。共産主義の指導者たちもハラリさんと同じく、イデオロギーが宗教と同類で同じ範疇《はんちゅう》の活動であることに、最初から気づいていたからです。ある宗教が勢力を広げようとしているときに、そこにほかの宗教があって邪魔になる場合、それを排除しようと考えるのは至極当然でしょう。すべての国民を同じ方向に向かわせるためには、信じるものは一つでなければならないのですから。

やがてイデオロギーを信じた人々は、既存の宗教を排除するだけにとどまらず、自分たちとは違うイデオロギーを信じた国を攻撃しはじめます。それが第二次世界大戦後になって勃発《ぼっぱつ》した共産・社会主義国と資本主義国間の戦争です。本講の冒頭に引用した文章で、ハラリさんは「自然法則の宗教も考慮に入れれば、近代は（中略）史上最も残虐な戦争の時代ということになる」と書いていますが、これを読むと彼が、イデオロギー間の戦争が実際は宗教戦争だととらえていることがわかります。

仏教とイデオロギー

続いて、『サピエンス全史』には書かれていませんが、仏教とイデオロギーの関係についても少し見ておきましょう。

仏教もイデオロギーも、神ではなく法則を信じる宗教という点では、同類ということになります。しかし、両者が目指す方向はまったく違っています。イデオロギーの場合は「人間が幸せになるためにはこのような社会をつくるべきだ」という理想（イデア）を認定し、努力してそれを手に入れようとします。理想の実現を欲しているという点では、イデオロギーはキリスト教やイスラム教と同じく、「欲求を叶えることを目的とした宗教」の仲間です。

それに対して仏教の場合は、すでにお話ししたように、欲望を消滅させた先に安寧な世界が存在すると考えます。向かう先がまったく逆ですから、一見するとイデオロギーと仏教は激しく対立するかのように見えますが、全然違う方向を向いているという点では、ライバルになりえない赤の他人どうしとも言えます。

当然ですが、仏教側からイデオロギーを敵対視して攻撃するようなことはありません。

なぜなら、釈迦が「社会を変えるのではなく、自分を変えなさい」と説いたからです。「欲望を消滅させるためには、意識を自分の内側に向けて自分で自分の価値観を変えていくことこそが重要で、外の世界には関わるな」と説いたことで、仏教は、ほかの宗教やイデオロギーに対しては干渉しない立場に立ちました。

ただし、仏教側がそのような態度を示しても、残念ながら相手側が同じ姿勢で応じてくれるわけではありません。たとえば中国共産党は、一九六〇年代後半から七〇年代にかけての文化大革命時に、仏教に対して徹底的な弾圧を行いました。

最も大きな被害を受けたのがチベットで、多くの寺院が破壊され、たくさんの人が死にました。犠牲者の数は、一九五〇年代初頭のチベット侵攻時から数えて、百二十万人とも言われています。前講の一神教の解説で「一つの神をあまりに強く信じ込むと、自分たちとは違う神を信じる人たちを許せなくなり、やがては暴力による排除へと向かう」という話をしましたが、まさにこれなどはその典型でしょう。今のウイグル人弾圧問題も、その根っこにウイグル人が信仰するイスラム教への嫌悪感があるのは間違いありません。

ではもし、社会変革よりも自己変革を説く釈迦の教えを遵守《じゅんしゅ》するなら、当然、仏教教団は政治に介入しないのが本筋ということになりますが、実態はどうでしょうか。

仏教徒が多数派を占める地域は、上座説仏教を信仰するスリランカ、タイ、ミャンマー、カンボジア、大乗仏教を信仰する日本、台湾、ベトナム、チベットなどですが、お坊さんの立場はそれぞれです。

たとえば、日本の僧侶の中にはSNSやメディアを通じて政治的なメッセージを発信する人が増えていますが、そうした行為も「釈迦の仏教」では禁じられています。個人的な意見として語るのはかまいませんが、僧侶という立場から政治的に口を出すことは規律違反です。

上座説の仏教国ではどうでしょうか。タイでは、僧侶が政治に関わることは禁じられていて、彼らは選挙権すら持っていませんが、現在、軍のクーデターによって緊迫した情勢のミャンマーでは、なぜか釈迦は社会変革を目指していたという教えが広まっているため、政治的活動は容認されていて、政治デモに参加するお坊さんもいます。しかし、これは上座説仏教を信奉している国としては一種の例外と思っていいでしょう。

国民主義とナチズム

ところで「イデオロギー」と言った場合、それは資本主義や共産主義だけではありません。ハラリさんは、近代になって生まれた新宗教の一つとして「国民主義（ナショナリズム）」を挙げています。国民主義は、限定された領域内（国家）に住む自分たちだけが、ほかとは違う特別な性質（国民性）を持っているという思いから生まれるものですが、これも根拠がないフィクションをみんなが信じているという意味では宗教です。

国民主義とは何かを理解するには、オリンピックをイメージしてみるとよいでしょう。日本人選手が競技に勝利すると、その選手が自分とはまったく縁もゆかりもない人であっても、多くの日本人が、まるで自分の家族や親戚が勝ったかのように興奮し、誇らしく感じます。この高揚感を国全体へと拡大していったものがナショナリズムです。

国や民族を愛すること自体はけっして悪いことではありませんが、それが政治に利用されるととんでもないことが起こります。その例としてハラリさんが挙げているのがナチズムです。

第二次世界大戦時のドイツでは、ヒトラーが、自分たち「アーリア人」（彼らはドイツ民族のことをアーリア人と呼んだのですが、まったく間違った使い方です）を人類で最も優れた特別な民族であると考え、劣等な民族は滅ぶべきだと主張してユダヤ人虐殺へと向かいました。

しかし、当然のことながらアーリア人がユダヤ人よりも優れている根拠などはどこにも存在しません。ユダヤ人から世界的に大きな影響力を持つ偉人が多く輩出したのを見ても、ユダヤ人をおとしめる根拠など、どこにもないのです。ちなみにハラリさんもユダヤ人です。

ヒトラーがユダヤ人を嫌悪した理由は、当時ヨーロッパを席巻《せっけん》していたマルクス主義に強い対抗意識を持ったからとされていますが、そこには、才能溢れる、そして多くの富を蓄えていたユダヤ人に対する嫉妬心も当然影響していたと思います。

にもかかわらず、ドイツ国民はなんの根拠もないヒトラーの言葉を信じてしまいます。第一次世界大戦で敗北し、自信を失っていたドイツ国民にとって、「自分たちは特別な存在だ」というヒトラーの言葉は心地よく耳に響きました。誰だって自分たちが優れていると言われたら悪い気はしませんね。

戦時中の日本でよく使われた「大和魂《やまとだましい》」という言葉もこれと同じです。大和魂とは「日本民族だけが持つ勇敢で潔く、国家（天皇）に忠義を尽くす精神」という意味ですが、そういうものが日本人だけに備わっていると考えると、身体に力がみなぎり、死ぬことさえも怖くなくなってしまうかもしれない――。でも、そんなものは現実には存在しません。戦争への士気高揚を図るために国家が主導して、日本人はそういう精神性を生まれながらに持っていると、思い込ませようとしただけです。

それは、明治期から昭和期に活躍した仏教学者の鈴木大拙《だいせつ》が語った「日本的霊性」という概念の場合も同様です。大拙は「日本人は、ほかの国の人にはない独特の精神性（宗教意識）を持っている」と主張しましたが、これも国家としてのアイデンティティを確立するための方便であり、幻想に過ぎません。少し考えてみればわかりますが、日本人の祖先のほとんどは大陸から海を渡ってやってきたわけですから、精神の根底にあるものは大陸の人たちと何も変わらないはずです。

近年、日本ではナショナリズムの機運が高まりつつあるようで、日本人の素晴らしさをことさら褒めたたえるテレビ番組や書籍が多く制作され、インターネットやSNSでは他国の民族を侮辱するようなヘイトスピーチが問題となっています。自分たちだけが特別であると考えると気持ちがよくなるのはわかりますが、一歩間違えると、全体主義に結びつき、悲惨な結果を招く恐れがあることを肝に銘じておかなければなりません。真の向上を目指す場合に大切なのは、どのような状況にあっても世間を客観的に見る力、言葉を換えれば、自分の欲求に合わせて、都合よく世の中を見ようという欲望を抑制する力なのです。

人権も平等思想も宗教である

さらにハラリさんは、平等や人権すらもイデオロギーと同様に人間の想像の産物であり、宗教の一種に過ぎないと主張します。「人権というものは、本来的に人間に付与されていたものではなく、人間が努力して獲得したものであり、フィクションである」というのがハラリさんの人権に対する考え方です。

人権を尊重することが当たり前だと考えられている現代社会の中にいて、この世には「人権」という、なんらかのものが実在すると思い込んでいると、このハラリさんの主張を聞いてびっくり仰天するかもしれませんが、冷静に考えれば、この主張は間違っていないことがわかります。

私たちは人権というものはすべての人間にもともと備わっている権利だと思っていますが、それがもし正しいならば、古代ギリシアの時代から奴隷制度が地球上に存在し、近年まで容認されていたことの説明がつきません。

人権という言葉が世の中で使われ出したのは近代に入り、アメリカ独立宣言（一七七六年）の中で「すべての人間は生まれながらにして平等であり、その創造主によって、生命、自由、および幸福の追求を含む不可侵の権利を与えられている」と説かれたのが最初とされています。

日本ではどうでしょうか。日本でも明治期に入るまで、差別は当たり前で人権など存在しないという時代が延々と続いていました。日本で最初に人権を保障したのは明治二十二年（一八八九年）発布の「大日本帝国憲法」ですが、そこで人権は「臣民ノ権利」、つまり「天皇が恩恵によって国民に与えた権利」であり、「戦争や国家事変の際は制限される」と定められていました。

こうして見てくると、人権という定義が、国や時代によってあやふやであったことがわかりますが、じつはこの状況は現在も続いていて、未だに人権の定義ははっきりとは定まっていません。

たとえば、クローンの問題がそうです。事故や病気で臓器移植が必要になったときのために自分のクローンをつくっておく――というような話が、映画や小説にたびたび描かれますが、どんな人間でも生まれながらに生きる権利を持っていると考えるならば、クローン人間はどうなるのか。一部の臓器だけであっても、生命活動があれば、それは「人」ではないのか。その命を奪っても問題はないのか。脳がなければ、それは人間ではないという説もあるようですが、未だに私たちはそうした問いに答えを出せずにいます。

いつまでたっても人権の定義が定まらない――その理由は、ハラリさんが言うように、人権は、さまざまな状況に応じて人間がつくってきたものだからなのです。

神ではなく人間を信じる宗教

イデオロギーも人権も、フィクションを皆が信じているという点で宗教に含まれるというところまで話が進んできました。ではなぜ、近代になって私たちは既存の宗教ではなく、こうした新たな宗教を信じるようになったのでしょうか。

ハラリさんはその理由を、人間が人間性（人間の持つ特性）を崇拝するほうに向かったからだととらえ、そうした人間崇拝の宗教を「人間至上主義の宗教」と呼び、次のように説明しています。

有神論宗教は、神の崇拝に焦点を絞る。人間至上主義の宗教は、人類を、より正確にはホモ・サピエンスを崇拝する。ホモ・サピエンスは独特で神聖な性質を持っており、その性質は他のあらゆる動物や他のあらゆる現象の性質と根本的に違う、というのが人間至上主義の信念だ。人間至上主義者は、ホモ・サピエンスの独特の性質は世界で最も重要なものと考えており、その性質が宇宙で起こるいっさいのことの意味を決める。至高の善はホモ・サピエンスの善だ。世界の残りと他のあらゆるものは、この種に資するためにのみ存在する。（下巻34頁）

要するに、人間至上主義の宗教はどれもが「人間がこの世で一番偉い。この世に存在する最も価値のある存在だ」という信念をベースにしているというわけです。

近代になって産業や科学技術、医療が進歩したことで、人間がほとんどの現象をコントロールできるようになりました。そうなると「この世のあらゆるものは人間の資産だ」と考えるようになります。そうした意識の変化が、人間至上主義の宗教が台頭してきた理由だとハラリさんは考えるのです。

「いやいや、私は一度もそんなふうに思ったことはない。すべての生き物や自然と共存していくことこそが大切なのだ。だから環境保護活動にも取り組んでいる」と反論なさる方もいらっしゃるでしょう。しかし、そういう思考も、環境保護の概念自体が、人間至上主義的発想から誕生したものである以上、やはり人間至上主義の一形態なのです。

環境保護に取り組む人たちは「地球の環境を守らねばならない。持続可能な世界を目指さなければならない」と主張しますが、それは、環境がこれ以上悪化すると、「人間にとって都合が悪いことが起こるのではないか」という危惧《きぐ》があるからです。主役はあくまでも我々人間なのです。

ですから、その主張を正確に表現するなら、「地球の環境を守ろう」ではなく、「人間が暮らしやすい地球の環境を守ろう」となるはずです。今あるものをそのまま守っていこうという考え方も、根底にあるのは、現時点で人間が享受できているものをいつまでも持ち続けたい、という思いです。

ハラリさんは皮肉っぽくこんなことを言っています。

広範に分布した大型哺乳動物の順位付けをすると、第一位のホモ・サピエンスに続いて、第二位が家畜化された牛、第三位が家畜化されたブタ、第四位が家畜化されたヒツジだ。進化の狭い視点に立つと、種の成功はＤＮＡの複製の数で決まるので、農業革命はニワトリや牛、ブタ、ヒツジにとって、素晴らしい恵みだった。（上巻123頁）

実際には、これらの動物は成長したら人間のために殺されて食べられてしまう運命にあるのですが、たしかに種が維持されていくというところだけを見たら、地球の各地で大いに繁栄している種ということになります。環境自体にはよいも悪いもないのですが、それが人間の利益に合致した場合を我々は「よい環境」と呼びます。食べられるほうの牛からしてみたら、「とんでもない環境」なのですが。

人間至上主義の三つの宗派

続けてハラリさんは、人間至上主義の宗教を「自由主義的な人間至上主義」「社会主義的な人間至上主義」「進化論的な人間至上主義」の三つの宗派に分けて、それぞれの特徴を説明しています。

まずハラリさんが最初に挙げるのが「自由主義的な人間至上主義」で、別の言い方をすれば「人権尊重主義」です。この宗派は、個人の自由をこの世で最も神聖なものととらえ、「個人の尊厳と自由の保持」が、私たち人間の進むべき目標であり幸せだと考えます。この信者たちは、拷問《ごうもん》や死刑に反対します。なぜなら、どんな悪人や罪人にも人権（生きる権利）があるのだから、その権利を奪ってはならないと考えるからです。この考え方は「すべての人間には自由で永遠の魂がある」というキリスト教の教えがベースになっています。

次が「社会主義的な人間至上主義」。この宗派は、ホモ・サピエンスという種全体を神聖なものととらえ、私たちが目標とすべきは、全人類の平等を実現することだと考えます。この考え方は、先ほどと同様に「不平等は人間の尊厳に対する冒瀆《ぼうとく》である」というキリスト教の教えをベースにしていますが、個人ではなく種を対象にしているという点で前者とは異なっています。

三つめが「進化論的な人間至上主義」です。これはダーウィンの進化論を基本にした考え方で、人間も動物や植物と同様に進化しているととらえます。とはいっても、猿→類人猿→人間という進化ではなく、同じ人類でも人種や民族によって進化のレベルに差があると考えるのが特徴です。そうなると当然、人種差別や優生思想が世界観のベースになってくるので、最終的には、退化を防ぎ、超人への進化を促すために、劣等民族はこの世から抹殺したほうがよいという考えになる。この典型例は、言うまでもなくナチズムです。

ハラリさんは前の二つはキリスト教と通じるものがあるが、「進化論的な人間至上主義」は、従来の一神教的な考え方とは完全に異なる特殊なものだと述べています。

以上が、人間至上主義の三つの宗派ですが、ここで注意すべきなのが、これらの宗派は必ずしも厳密に分かれているわけではないということです。

おそらくほとんどの人は、前二者の折衷案、「個人の自由が尊重され、それぞれが幸せを追求できる社会が理想だが、そこに貧富の差があってはならない、皆が平等であるべきだ」と考えているでしょう。つまり、私たちの多くは、一つの宗派だけを信じるのではなく、複数の宗派を同時に信じながら、自分なりの人生の指標をつくって生きているのです。

なぜ、そうなるのかというと、人間至上主義の宗派は、それぞれ利点と欠点を併せ持っているからです。たとえば「自由主義的な人間至上主義」を信じた場合、競争が生まれて社会は発展するかもしれませんが、弱肉強食の世界になるので貧富の二極化が進む可能性があります。同様に「社会主義的な人間至上主義」を信じた場合は、平等は保障されるかもしれませんが、厳しく管理された全体主義社会へと向かう危険性があります。

いずれにしても、現代の社会状況から判断すると、こうした人間至上主義という名の宗教が、既存の宗教に代わって現代人の生きる指標になりつつあることは疑いようのない事実です。

人間至上主義的宗教は薬になりえるか

ここで大事なことを一つお話しします。この講義の出だしのところ（プロローグ）で私は、「宗教とは、死を見つめながら生きる宿命を背負った人間だけが罹る「心の病気」を治してくれる薬だ」と申し上げましたが、それと人間至上主義的宗教がどう関わるかが問題になります。そしてここそが、私が申し上げている、宗教を客観的視点で見ることと、主観的視点で見ることとの決定的相違点にもなってくるのです。

ハラリさんの客観的視点で、つまりサピエンスの長大な歴史の中に宗教を位置づけるという立場で見るなら、宗教とは、人がつくり出した虚構を皆が信奉することで、人類を次第に統合し、共同作業を可能にしてきた三要素（貨幣・帝国・宗教）の一つとして定義される活動であり、そこには一神教も二元論宗教も、自然法則を信奉する仏教のような宗教も、そして人間至上主義に基づくイデオロギーや人権、環境保護などの諸活動もすべて一括されます。これはこれで申し分のない宗教論です。

他方、宗教を「死を見つめながら生きねばならないという人間の宿命的な苦しみから私を救ってくれる薬」だと考える主観的視点で、その同じ諸活動を見ると、そこには、死にゆく私を確実に救済してくれると思われる宗教もあれば、現世の実社会のことだけに関わっていて、私という一個人を死の恐怖から救ってくれる力は到底なさそうな宗教もある。つまり、人間の根源的苦悩を除去してくれる宗教は、客観的視点で定義される宗教の中の一部だけだということに気づきます。

そして今、実際に生身の姿で生きている私たちにとって最大の問題は、現代における宗教のほとんどが、社会の問題しか扱わないもので占められており、死にゆく私を救済してくれる宗教が消えつつあるという点です。ここまで語ってきて、ようやく話の核心に近づいてきました。今申し上げたことを記憶に留めていただいたうえで先に進みましょう。

科学は宗教ではない

それでは科学について、ハラリさんはどう考えているのでしょうか。宗教を「超人間的な秩序の信奉に基づく人間の規範や価値観の体系」と定義するなら、科学もその範疇に入るのではないか。

たしかに、科学もイデオロギーと同様に「超人間的な秩序や法則」を信じることで成り立っています。現時点では、相対性理論や量子論など、いくつかの重要法則が並び立っていますが、科学がこの先どんどん発展していくと、やがてはさまざまな理論が一体化し、最終的には宇宙の成り立ちを説明できる「宇宙方程式」へと収束していくだろうと予想されています。すなわち、この世界の究極の法則が科学によって明らかになる可能性があるのです。だとしたら科学も宗教の一つと考えてもよさそうな気がします。

しかし、ハラリさんは「科学は宗教ではない」と言います。それは次のような理由からです。

宗教とは、超人間的な秩序の信奉に基づく人間の規範や価値観の体系のことをいう。相対性理論は宗教ではない。なぜなら（少なくともこれまでのところ）、それに基づく人間の規範や価値観はないからだ。サッカーも宗教ではない。ルールが超人間的な命令を反映していると主張する人はいないからだ。（下巻33頁図版説明文より）

ここでハラリさんは、「科学が発見した秩序によって、人間の生きる規範や価値観が規定されることはないから、科学は宗教とは呼べない」と述べています。

キリスト教や仏教、資本主義や共産主義といったものは、私たちの生き方や行動、価値観に影響を与えます。たとえば資本主義の信者は、経済成長が人間を幸せにしてくれると信じて消費行動を善ととらえるため、モノを買うために積極的に働くようになります。仏教の場合は逆に、欲望を減らすことが心の安寧につながると考えるため、なるべくモノを持たないシンプルなライフスタイルへと向かいます。このように宗教と呼ばれるものは、総じて私たちの行動やライフスタイルを変える力を持っています。

しかし、科学は違います。アインシュタインが相対性理論を発見したからといって、私たちはそれに基づいて生きようなどとは考えません。そもそも相対性理論に基づいた生き方というのはあるのでしょうか？　相対性理論は、時間や空間は絶対ではなく、観測者の状態によって相対的に変化することを立証していますが、それを基盤とした行動規範などというものはまったく想定できません。今後、もし科学が宇宙方程式を発見したとしても、それに従って生きるということにはならないはずです。そういう意味で、科学は宗教にはなりません。

さらに科学と宗教には根本的な違いがもう一つあります。今の話ともつながってくるのですが、それは「進歩の可能性」を内在しているかいないかの違いです。

一神教や仏教、イデオロギーを信じた人は、そこに示された秩序や法則は普遍的、絶対的なもので、ずっと変わることがないと信じます。なぜなら、そこに示された秩序が彼らの人生を歩むうえでの指針になるため、簡単に変更されるものとして想定しえないからです。

一方、科学の場合は、新しい実験結果や今までとは違う事実が見つかるたびに法則はどんどん書き換えられていきます。そうなると、その法則を生活の規範として絶対視することはできませんから、「科学は宗教ではない」ということになるのです。

人間は宗教よりも科学を信じるようになった

ハラリさんは、科学は人間の生きる規範にはならないが、私たちの生活や考え方を大きく変える力を持っているとも述べています。

近代の文化は、まだ知られていない重要な事柄が多数あることを認め、そのような無知の自認が、科学の発見は私たちに新しい力を与えうるという考え方と結びついたとき、真の進歩はけっきょく可能なのではないかと人々は思い始めた。解決不可能のはずの問題を科学が一つまた一つと解決し始めると、人類は新しい知識を獲得して応用することで、どんな問題もすべて克服できると、多くの人が確信を持ちだした。貧困や病気、戦争、飢饉、老齢、死そのものさえもが、人類の避けようのない運命ではなくなった。（下巻76-77頁）

科学革命が起こる以前の人類は、自分たちが無知であることに気づいていませんでした。要するに、この世界で知るべき重要な事柄はすべて既知のものと考えていたのです。しかし、科学の誕生を機に、人間は考え方を改めて、「私たちはすべてを知ってはいない。知っていることも、もしかすると誤りかもしれない」という前提に立ち、探究を進めていくことになります。そしてやがて、これまで神に祈るしかなかった死や病は、避けられない運命などではなく、人間が技術で解決できる問題になったのです。

神は実在するかどうかわからない。ならば科学の力を信じよう――そうなるのは必然と言えます。ハラリさんは「科学は宗教ではない」としつつも、人間が宗教よりも科学を信奉する時代が到来したことを認めています。

近代の社会秩序がまとまりを保てるのは、一つには、テクノロジーと科学研究の方法とに対する、ほとんど宗教的なまでの信奉が普及しているからだ。この信奉は、絶対的な真理に対する信奉に、ある程度まで取って代わってしまった。（下巻63頁）

第一講で、「宗教が、誰も疑う余地のない超人間的な秩序を説いたことによって、社会は強固に一つにまとまっていった」という話をしました。しかし、ここでハラリさんは、その役目を、宗教に代わって科学が果たすようになったと言っています。科学の法則は絶対的な真理なので、誰もそれを疑うことはできません。現代においては科学の真理がかつての神の言葉と同じ意味を持つようになったのです。

科学は、人が生きるうえでの規範にならないという点で宗教ではないのですが、超人間的な秩序としては今や絶対的な信頼を得ています。そうなると、キリスト教やイスラム教、仏教といった既存の宗教の存在価値が危うくなってきます。人類を一つの世界観で統一するという役目は科学にとって代わられましたし、科学には担えない「何を幸せと感じて、どう生きるか」といった人生の規範は、新宗教であるイデオロギーが示してくれるようになりました。そんな現状を見ると、既存の宗教は、その役目を終えてしまったようにも感じられます。

しかし、この世界には相変わらず既存の宗教というものが存在し、以前より数は減ったものの、神の存在や釈迦の発見した法則を今なお信じる人が存在します。それはなぜなのか——。

その答えは『サピエンス全史』には残念ながら書かれていません。なぜなら実際の死や不幸に直面し、何かにすがらずには生きられないという状況に追い込まれないかぎり、宗教の本質は見えてはこないからです。というわけで、客観的な視点から見た宗教の話はとりあえずここまでとして、次の講義からは主観的な視点で見た宗教についてお話をしていきたいと思います。

第四講 「私」が宗教と向き合うとき

もう一つの宗教の姿

それでは第四講をはじめましょう、ここからは「我が身のこととしての宗教」、つまり、「主観的な視点から見た宗教」についてお話をしていこうと思います。

講義のプロローグでも申し上げましたが、自分の死期が間近に迫ったり、最愛の人と死別したり、自分の力ではどうにもならない不幸に直面し、何かにすがらずには生きられないといった状況に追い込まれると、客観的に宗教を見ていたときとは異なる、もう一つの宗教の姿が見えてきます。

いったいどんなかたちの宗教が目の前に現れるのかは、言葉で伝えることなどできません。なぜなら、それは、一人ひとりが個別に感じ取る極限状態での体験だからです。余命宣告を受けたときの気持ちを頭の中でイメージすることは可能ですが、それと、実際に宣告されたときに湧き上がってくるリアルな感情とでは、衝撃や不安の大きさがまったく違います。

私自身、一時、自殺する直前まで行ったことはありますが、だからといって、そういった人たちの気持ちがすべて理解できるはずもありません。本当に切羽詰まった人がどんな気持ちに陥り、宗教に何を求めるようになるのか、それを明確に語る言葉など持っていません。

そこで本講では、がんを患い余命宣告を受けて亡くなられた戸塚洋二という方の日記を拝見しながら、死期が目の前に迫ったときに人は何を思い、どうやって自分の死と向き合っていくのかを考えていこうと思います。

日記の著者である戸塚洋二さんは、日本を代表する物理学者で、ニュートリノという素粒子の研究で二〇〇二年にノーベル物理学賞を受賞された小柴昌俊《まさとし》さんの弟子にあたる方です。小柴さんの研究を引き継ぎ、それまで質量ゼロと考えられていたニュートリノに質量があることを世界ではじめて発見し、小柴さんに続いてノーベル賞を獲得するのは確実と言われていました。

しかし、戸塚さんはがんを患い、二〇〇八年に六十六歳でこの世を去ってしまいます。科学者として最高のポジションにありながら、ぎりぎりのところでノーベル賞の受賞には至らず、その夢は七年後、同じ実験チームの梶田隆章《たかあき》教授によって叶うことになりました。梶田さんがノーベル賞受賞会見で「戸塚先生のご功績が大きいと思う。ご存命ならば共同受賞していたと思います」と口にされたことを覚えていらっしゃる方も多いでしょう。

戸塚さんはがんを患ってから、病状を心配する同僚や親戚への近況報告として、日々の生活や心境を記録する「A Few More Months（あともう数カ月）」と題した日記ブログを書いておられました。ブログは匿名《とくめい》だったので、生前、多くの人はそれを戸塚さんが書いたものだとは知らずに読んでいましたが、亡くなられた後、超一流の物理学者のがん闘病の記録だということがわかり、ジャーナリストの立花隆氏の手によって一冊の書籍にまとめられました（『がんと闘った科学者の記録』文藝春秋、二〇〇九年。のち文春文庫）。

立花さんと戸塚さんは二〇〇八年六月に対談をしていて、その内容（「がん宣告『余命十九カ月』の記録」）が『文藝春秋』の八月号に掲載された、まさにその発売日（七月十日）に戸塚さんは亡くなられました。『がんと闘った科学者の記録』には、二〇〇七年八月四日から、逝去される八日前の二〇〇八年七月二日までの約一年間の日記が、ほぼそのままのかたちで掲載されています。

戸塚先生との出会い

じつは私は、ブログを書いておられたころの戸塚さんとお会いして、二時間ほどお話をしたことがあります。当時、私は朝日新聞（東京本社版）の夕刊に週一回のペースで、「日々是修行《ひびこれしゅぎょう》」というコラムを連載（のちに、ちくま新書として刊行）していたのですが、担当編集者の方から「戸塚洋二さんという物理学者が、佐々木さんに会いたいとおっしゃっている」という連絡をもらったのがご縁でした。戸塚さんは私のコラムを読んでくださっていて、「仏教学者なのに科学をテーマにした話が多くて面白いので、ぜひ会ってみたい」と思ってくださったそうです。

私は現在、仏教研究を専門としていますが、学生時代は理系にいて、大学では四年間化学を学んでおりました。おっちょこちょいな私は、とにかく実験が苦手で、薬品の分量を間違えたり高価な器具を壊したりして、教授や先輩にいつも叱《しか》られてばかりで、「自分は化学には向いていない」と思うようになり、文学部哲学科に入り直したのです。だから、今でも理系の性《さが》で、物事を科学に結びつけて理屈っぽく考えてしまいがちなのですが、戸塚さんはありがたいことに、逆にそこに興味を持ってくださったようでした。

私は当時から戸塚さんのお名前だけは存じ上げていましたが、恥ずかしながらどんな研究をされている方なのか詳しくは知らなかったため、急いで調べてみたところ、日本を代表する偉大な物理学者だとわかり、とても慌てました。さらにブログを読んで、がんに罹って闘病中であることも知りました。それで、何か少しでもお力になれるのであれば――ということで、朝日新聞本社で会うことになったのです。

戸塚さんとお会いしたのは、お亡くなりになる半年ほど前、二〇〇七年十二月末のことでした。超一流の物理学者だと知って、お会いする前は緊張していたのですが、実際に会ってみると、根っこには科学者らしい厳しさを持っておられるものの、じつにやさしくて情の深い、魅力的なお人柄でした。

そのとき、戸塚さんは「仏教では人の死をどう考えるのか？」「仏教の宇宙観とは？」「仏教では神の存在をどうとらえているのか？」といったことを次から次へと尋ねてこられました。それに対して私は、

「時間とは物事の変化そのものであって、変化しないものには時間はありません。人が涅《ね》槃《はん》に入るというのは、そういう、時間のない状態に入るということを意味するのです」

「この宇宙は無限の過去から無限の未来に向かって進んでいく。そこには始まりも終わり

もありません」

「仏教は絶対的な存在を認めていません。祈って救いを求めることを目的にしたものではなく、修行の中で自分の価値観を自分で変えていくのが本来の仏教です」

――などといろいろお話ししました（詳細は『がんと闘った科学者の記録』225－229頁をご参照ください）。

戸塚さんは、すでに仏教の本をたくさん読んでおられたようですが、日本の仏教（大乗仏教）をベースに書かれたものがほとんどだったのでしょう、自分が思っていた仏教と、私が語る「釈迦の仏教」が、まったく違うものであったことに驚かれながらも、とても楽しげに聞いてくださったのが印象に残っています。

戸塚さんは「骨の髄まで無神論者」と自称する根っからの科学者なので、神秘的なものに救いを求めたいという気持ちはさらさらなかったようです。それなのにどうして仏教の話を聞きたいと思われたのか。

これは私の推測に過ぎませんが、科学者にとっても心の拠りどころとなる何らかの実在、科学を信じる者が安らかに死んでいけるような心の預けどころがどこかにないものか

——と探しておられたのではないでしょうか。

そんなときに私が「本来の仏教というのは神秘性がなく、釈迦の説いた法則性だけを拠りどころとして生きることを目指している」という話をしたものですから、とても驚かれたのです。しかし、私の話を聞いて完全に納得されたわけではありません。その後もいろいろなことを考えて悩み抜かれた様子が、日記には事細かに書かれています。

死を前にして思うこと

戸塚さんが残された闘病記には、科学の視点ですべての物事をとらえ、神の存在や神秘的な力をまったく信じない人が、死と向き合ったときに何を思うか——その気持ちが正直な言葉で綴られていました。そうした科学者ならではの苦悩が表れた、ある日の日記を読んでみたいと思います。

これは私と会って約ひと月半後に書かれたもので「期限を切られた人生の中で何を糧《かて》に生きればよいのか」という厳しいタイトルがつけられています。少々長くなりますが、全文を『がんと闘った科学者の記録』(262-266頁、適宜ふりがなを入れました) から紹介します。

＊　　＊

期限を切られた人生の中で何を糧に生きればよいのか

われわれは日常の生活を送る際、自分の人生に限りがある、などということを考えることはめったにありません。稀《まれ》にですが、布団《ふとん》の中に入って眠りに就く前、突如、

▼自分の命が消滅した後でも世界は何事もなく進んでいく、

▼自分が存在したことは、この時間とともに進む世界で何の痕跡も残さずに消えていく、

▼自分が消滅した後の世界を垣間見ることは絶対に出来ない、

ということに気づき、慄然《りつぜん》とすることがあります。

個体の死が恐ろしいのは、生物学的な生存本能があるからである、といくら割り切っても、死が恐ろしいことに変わりがありません。

お前の命は、誤差は大きいが、平均値をとると後1・5年くらいか、と言われたとき、最初はそんなもんかとあまり実感が湧きません。しかし、布団の中に入って眠りに就く前、突如その恐ろしさが身にしみてきて、思わず起き上がることがあります。右に挙げたことが大きな理由です。

右の理由を卑近な言葉で置き換えると「俺の葬式を見ることは絶対出来ないんだ」ということになりますか。こんなバカなことを皆さんお考えにならないでしょう。しかし、残りの人生が1、2年になると、このような変な思いがよく浮かんできます。

残りの短い人生をいかに充実して生きるか考えよ、とアドバイスを受けることがあります。このような難しいことは考えても意味のないことだ、という諦《あきら》めの境地に達しました。私のような凡人は、人生が終わるという恐ろしさを考えないように、気を紛らわして時間を送っていくことしかできません。

死までの時間を過ごさなければなりません。どんな方法があるのでしょうか。

▼現役なら、仕事が気を紛らわす手段になる。
▼引退したら、何でもいいから、気を紛らわすことを見つけて時間をつぶすことだ。
▼死が近づいたとき、むしろ苦痛にさいなまれて（短期間で勘弁してほしい）、もう早く死が来てほしいという状態になったほうが、むしろ楽だ。看取るほうは大変だろうが。
▼自殺は考えない。簡単に負けるのもいやだ。

お恥ずかしいですが、とても有意義な人生を最後に送ることとはかけ離れています。しかし、何とか死の恐れを克服する、いってみれば諦めの境地はないのだろうか。そのような境地を無論見つけてはいませんが、右の理由を超克《ちょうこく》する諦めの考えが一つ二つ思い浮かぶことはあります。

▼幸い子どもたちが立派に成長した。親からもらった遺伝子の一部を次の世代に引き

継ぐことが出来た。「時間とともに進む世界でほんの少しだが痕跡を残して消える」ことになるが、種の保存にささやかな貢献をすることが出来た。

▼もっとニヒルになることもある。私にとって、早い死といっても、健常者と比べて10年から20年の違いではないか。みなと一緒だ、恐れるほどのことはない。

▼さらにニヒルに。宇宙や万物は、何もないところから生成し、そして、いずれは消滅・死を迎える。遠い未来の話だが、「自分の命が消滅した後でも世界は何事もなく進んでいく」が、決してそれが永遠に続くことはない。いずれは万物も死に絶えるのだから、恐れることはない。

後の二つはちょっと情けない考えですが、一蓮托生《いちれんたくしょう》の哲学によって気が休まります。宗教はどうでしょうか。私は、

▼絶対的超越者の存在を信じない。マザー・テレサが、神の子の実在を信じていなかったという記事を読んでちょっと安心した記憶がある。

▼生前の世界、死後の世界の実在を信じない。輪廻転生《りんねてんしょう》も信じない。なぜなら、宇宙が生まれ死んで行くのは科学的事実だから、無限の過去から無限の未来に続く状態など存在し得ない。

▼佐々木閑先生からお教えいただいた古代仏教の修行には興味がある。その修行は大変厳しく、また集団で行うことが基本ということで、「苦」を解脱するため修行をしたいと思ったときには、体力を失い修行が無理な状態になっている。

▼個人的に瞑想しても、諦めの境地に達するだけだ。

ニヒルで、取り付くしまがありません。

結局、充実した人生を送るための糧はまだ見つかっていません。

*　*

以上が、この日（二〇〇八年二月十日）の日記です。余命宣告を受けた後に、残りの人生をどうやって生きていけばいいのか、どうやって死と折り合いをつけていけばいいのかを考え、答えが見つからずに苦しんでおられるご様子が痛いほど伝わってきます。

この文章を読んで、私なりに感じたことをお話ししましょう。

戸塚さんは、自分が死んだ後の世界のことを想像されています。自分という存在がこの世から消滅する日が近づきつつあることを知ると、人は誰しも恐怖を感じます。戸塚さんも書いておられるように、人間には生物としての生存本能があるので、死を恐れるのは当たり前のことです。さらに人間の場合は、残していかねばならないものが多ければ多いほど恐怖を強く感じることになります。

個人的な話になりますが、私の場合は、自分の死に対する恐怖心はそれほど持っておりません。釈迦が説いた「この世はすべて苦であり、死んで二度と生まれ変わらない世界に行くことが安寧に至る唯一の方法である」という言葉を信奉しているので、さほど死が怖いとは思わないのです。

逆に死んだら、いろんな肩の荷が下りてほっとするのではないかなどと考えます。また、死んだ後の心残りといったものも私にはほとんどありません。唯一心配なのは年老いた母親のことぐらいでしょうか。

　でも死を恐れなくなったのは、ある程度歳をとってからのことで、若いころはやっぱり死ぬのが怖かった。とくに子どもができたときは、死への恐怖を最も強く感じました。もしも今、自分が死んだらこの子はどうなるのだろうと考え、絶対に死ぬわけにはいかないという思いが湧き上がりました。

　戸塚さんの場合は、すでにお子さんたちは立派に成長されていたので、このときは、奥様のことがおそらく一番の心残りだったと思います。また戸塚さんは、ノーベル賞のことについては一切語られなかったそうですが、目前に迫ったノーベル賞に対する思いも、心のどこかにはあったかもしれません。

　戸塚さんはがん治療に専念するため、二〇〇六年に研究者の職を辞されたのですが、その後も、自分が関わってきた「T2K実験（人工的にニュートリノをつくり出し、宇宙の謎に深く迫る実験）」の結果をなんとしてでも見届けたいというお気持ちがあったようです。科学者としてまだこの世でやりたいこと、やるべきことを多く抱えていらっしゃったお立場でしたから、そういう意味では、戸塚さんにとって自分の死を受け入れることは容易ではなかったはずです。

死後の世界がわからない

死に直面したときに感じる恐怖は、死後の世界に対する確信がどの程度あるかによっても変わってきます。死ぬことが怖いのは、「死んだ後にどうなるかわからない」という不確定性に対して不安を感じるからです。死んだ後は天国や極楽に必ず召されるとか、死後の世界は想像しているような恐ろしいところではないという絶対の確信が持てれば、人は死に対して恐怖をそれほど感じずに済むはずです。

科学では一般に、死を「意識が消滅したらそれでおしまいで、死後は完全なる無の世界が待っている」ととらえています。だとすれば、科学者は死後の世界に対して確信を持っているとも言えそうですが、それを信じたところで死が怖いことに変わりはありません。なぜなら、「完全なる無の世界」というのがどんな場所なのか、誰にもイメージできないからです。死んだ後には「安楽な世界が待っている」と言われれば、安心して死を迎えられますが、科学ではそうは言わずに「無の世界が待っている」と言うのですから、科学を信じても逆に死に対する不安や恐怖が強くなっていくだけなのです。

戸塚さんは「神なんているはずがないし、輪廻や死後の世界も存在しない」と思いながらも、科学だけで死というものを理解していいのか迷っておられたようです。それは先の日記の「マザー・テレサが、神の子の実在を信じていなかったという記事を読んでちょっと安心した」という一文からもうかがえます。

マザー・テレサはご存じの方も多いと思いますが、カトリックの修道女としてキリスト教の布教や貧民救済活動に生涯を捧げ、一九七九年にはノーベル平和賞を受賞しています。そんな彼女が、じつは亡くなるまで、ずっと神（神の子）の存在に疑念を抱き続けていたというのです。

二〇〇七年に出版された、マザー・テレサが親しい神父らに送った書簡を集めた*Mother Teresa : Come Be My Light*（邦題『マザーテレサ——来て、わたしの光になりなさい！』里見貞代訳、女子パウロ会、二〇一四年）には、神への疑念を綴った、こんな言葉が記されています。

わたくしは何のために働いているのでしょう。もし神が存在されないなら、人びとの魂も存在しません。もし魂が存在しないなら、イエスよ、あなたも真実ではありません。(中略)

わたくしの心には信仰も愛も信頼もありません。多くの苦痛があるだけです——思慕の痛み、不要者としての痛みです。(中略)でも、わたくしが神と一致する祈りは、もはやそこにはありません。わたくしはもう祈っていないのです。(一九五九年九月三日付、ピカチー神父宛ての手紙に同封された「イエス宛ての手紙」、マザー四十九歳)

人びとはわたくしの強い信仰を見て、神に近寄せられると言います。これは人びとを欺いているのではありませんか? 「わたくしには信仰がありません」と真実を告げたいと思ったときはいつでも、口は閉じられて言葉が出てこないのです。それでもなお、わたくしは神とすべてに対してほほ笑み続けています。(一九六二年九月二十一日付、ピカチー司教宛ての手紙、マザー五十二歳)

戸塚さんは、マザー・テレサに非常に興味を持たれたようで、お会いしたときも報道記事でマザー・テレサが神を信じていなかったことを知って驚いたし、安心したとおっしゃっていました。

では戸塚さんは、なぜマザー・テレサが神を信じていなかったことで「安心した」のでしょうか。それはたぶん、「マザー・テレサも自分と同様に神を信じていなかったとすれば、自分にも彼女のような心境（死を受け入れて恐れない心）を体得できる可能性があるのではないか」と希望を抱かれたからだと思います。

もしも彼女が「神」という絶対的な存在のもとに自分の人生をつくっていたとしたら、それは科学者である戸塚さんとは相容れない立場です。しかし「じつはマザー・テレサも神を信じてはいなかった」となると話は変わってきます。つまり、神を信じていなくても、死を恐れずに生きる道がどこかにあるということになるからです。

あのマザー・テレサが神を信じていなかったという事実に多くの人が驚いたと思います。でも私には、彼女が神を信じられなくなった理由がなんとなくわかる気がします。

マザー・テレサはインドのコルカタ（カルカッタ）で二十年近くを過ごしましたが、コルカタは生と死がむきだしになった混沌とした街です。私も学生時代にはじめて訪れたときはひどく衝撃を受けました。道端で寝そべったまま動かない人、不自由な身体で物乞いをする人、虐待されて路上で暮らす孤児たち……、町中に貧困と苦悩が溢れかえっていたのです。

実際にインドで暮らしている人たちにしてみれば、カースト制度を運命として受け入れる一方で輪廻への希望を持っているから、それほど悲壮感を抱いてはいないのかもしれません。しかし、外からあの世界に入ると、まるで地獄を生きているように見えてしまう。マザー・テレサはずっとそんな街で過ごしていました。「神も仏もこの世にはいない」と思っても当然なのです。

ただここで一言申し上げておきたいのは、このマザー・テレサの告白文を読むと、たしかに神を信じていなかったことがわかるのですが、実際は、キリスト教の神ではない、彼女自身が抱いているなんらかの超越存在への信頼は持っていたようにも感じます。キリスト教という特定の組織宗教が説く神の実在性は信じないが、マザー・テレサ自身が一生の中で見つけ出し、拠りどころとする「自分ひとりの神」というようなものを持っていたのではないかと思うのです。戸塚さんがそのようなところまで感じておられたかどうかはわかりませんが、マザー・テレサの本質を考えるうえで重要なポイントだと思いますので、一言付け足しておきます。

「釈迦の仏教」に即効性はない

マザー・テレサのことを書いた同じ日の日記で、戸塚さんは仏教についても触れていました。「釈迦の仏教」に興味を抱いてくださったのですが、残念なことに「体力を失い修行が無理な状態になっている」とおっしゃっています。

こちらとしてはできれば、「そんなことはありません。体力がなくても悟りの境地に至ることは可能です」と助言したいところですが、じつは戸塚さんのおっしゃっていることのほうが真実です。なぜなら「釈迦の仏教」は、外部の誰かに祈れば願いが叶うといったものではなく、修行の中で自分の価値観を少しずつ変えていくことがすべての基本となるため、ある程度の時間と体力がどうしても必要になるからです。そういう意味でも、「釈迦の仏教」は死が目前に迫った人にとっては、救いになりにくい宗教だと言えます。

また「釈迦の仏教」は、この世はすべて苦しみの中にあると考え、輪廻のサイクルを断ち切り、二度と生まれ変わらない世界（涅槃）に到達することを究極の幸せととらえますが、こうした思想も日本の仏教ではなく、「釈迦の仏教」に触れてみなければわかりません。二度と生まれ変わらない世界が何を意味するのか、なぜそれが究極の安楽なのか――それがわかっていない人にとっては恐怖でしかありません。

一方、大乗仏教の中には、死を目前にして苦しんでいる人を救ってくれる宗派、信仰も存在します。その代表が阿弥陀信仰ですが、浄土宗や浄土真宗では、阿弥陀仏に手を合わせて「南無阿弥陀仏」（阿弥陀様にお願いします）ととなえれば、誰もが往生《おうじょう》（極楽浄土に行くこと）できると説いています。

それを本気で信じたならば、死ぬのは怖くなくなります。法然《ほうねん》や親鸞《しんらん》の時代の信者たちは皆、そういう信仰の中で安心して死を迎えていったのでしょう。死を前にして苦しんでいる人にとっては、「釈迦の仏教」よりも阿弥陀信仰のような救済の宗教のほうが、場合によってはよほど救いになるはずです。

しかし、私が戸塚さんに阿弥陀信仰をご紹介したとしても、信じられることはなかったでしょう。念仏をとなえて極楽に行くという話を物理理論の達人が素直に納得できるはずなどありません。人が科学の視点だけで合理的に死をとらえようとすると、どうしても死の恐怖からは逃れられないのです。

自死は悪ではない

戸塚さんのこの日の日記には、「自殺」についても少しだけ触れられています。戸塚さんは、自殺は病気に負けることを意味するから「いやだ」と考えられたようですが、不治の病に罹ったり、莫大な借金を抱えたり、将来への不安を感じたりして心が壊れそうになったときに、悲しいことですが、自ら死を選んでしまう人も少なくありません。「自殺はいけないことだ」と一般には言われています。しかし、それは「悪事」なのでしょうか。ちょっとだけ脇道に入って、仏教では自殺をどうとらえているかについてお話ししましょう（以下、「自殺」ではなく、「自死」という言い方にします）。

キリスト教やイスラム教では従来、神が与えてくれた命を自分で断ち切るのは神に対する裏切り行為であるから、自死を悪だと考えてきましたし、今も多くの信者がそう考えています。しかし、仏教における自死のとらえ方は、それとは違います。仏教では、「悪」にも二種類あると言います。

一つめは世俗的な意味での悪です。人の物を盗んだり、誰かを殺したり、詐欺《さぎ》をはたらいたりすると、逮捕されて服役するなどの苦しみを受けることになります。これは私たちが暮らす社会では当たり前のルールで、仏教に限ったことではありません。自分の将来に苦しみをもたらす行為という意味で、これらは悪ととらえられます。昔のインドでしたら、悪事のせいでひどいところに生まれ変わるという考えが常識でしたが、それもまた、ここで言う世俗的悪に含まれます。

そのうえでもう一つ、仏教的な意味での悪があります。仏教は、仏道修行によって涅槃を目指す道ですが、それを言い換えれば、自らの心を鍛えて煩悩を消し、輪廻から逃れることを目的とする道です。そのため、煩悩に結びつくもの、つまり、涅槃への道を妨げ、輪廻を継続させる行為すべてが悪となります。これが仏教世界独自の悪です。

では、自死が悪だと仮定すると、それはどちらの悪に属するのでしょうか。「自殺は自分を殺すことだから犯罪だ」などという人がいますが、自死はすでに苦しみを受けている人が、その苦しみを消すための行為です。自己の利得のため、欲求の充足のために他者の命を奪う「殺人」とは根本的に異なる行為です。犯罪行為ではないのですから、世俗的な悪とは言えません。また自死は煩悩とも無関係なので、仏教的な意味での悪でもありません。つまり、仏教が考える二種類の悪のどちらにも、自死は含まれないのです。

ですから、「自死は悪ではない」と考えるのが仏教の立場です。私の専門で、仏教のルールブックである「律」にも、誰かを殺したり、殺しを依頼することは重罪とされていますが、自死がなんらかの罪に問われることはありません。

しかし、仏教がけっして自死を推奨しているわけではないということもご理解ください。自死は、せっかく人として生まれて自分を向上させる機会があるのに、それをみすみす逃してしまう「もったいない行為」だと仏教では考えるのです。

ですから、自死した人に対して「愚かだ」とか「弱い人だった」などと批判するのは大変な間違いです。自死という行為も、やむにやまれぬ場合においての誇りある決断の一つであるということは理解しておくべきだと思います。

信じるものはなんでもいい

話を戸塚さんの日記に戻しましょう。私は戸塚さんとお会いしたときに、科学と仏教の共通点について書いた拙著『犀《さい》の角《つの》たち』（大蔵出版、二〇〇六年。のち『科学するブッダ――犀の角たち』角川ソフィア文庫）を差し上げたのですが、その後の日記で五回にわたって、本を読んだ感想を書いてくださいました（『がんと闘った科学者の記録』266-283頁）。

それを読むと、戸塚さんは「釈迦の仏教」についてもしっかりと考察し、科学と「釈迦の仏教」は物質と精神という対象こそ違うにしても、非常に似たところがある――と理解されていたことが、とてもよくわかります。

しかし、ついに戸塚さんは、「釈迦の仏教」に救いを求められることはありませんでした。亡くなる前の五月二十七日の日記には、「まさに私が努力して到達したいと思っている人生の終末を至言で表してくれてい」るとして、正岡子規《まさおかしき》の『病牀六尺《びょうしょうろくしゃく》』（脊椎《せきつい》カリエスに罹った子規が、病床で死の二日前まで書き続けた随筆）にある次の言葉を挙げられています。

悟りといふ事は如何《いか》なる場合にも平気で死ぬる事かと思つて居たのは間違ひで、悟りといふ事は如何なる場合にも平気で生きて居る事であつた。

「如何なる場合にも平気で生きて居る」というのは、「この世は病や老いなどの苦しみに溢れた世界ではあるが、それを当たり前のこととして受け入れる」ということですから、仏教的にもけっして間違ったことは言っていません。

本来ならば、死ぬのが人間にとっては最も怖いことなので、それが平気になる（受け入れる）のが悟りなのですが、子規の場合は脊椎カリエスの痛みに耐えながら生きている、まさに今の状況が、死ぬよりもよっぽどつらかったのでしょう。だから、死ぬことではなく、平気で生きることこそが悟りだととらえたのだと思います。

しかしこの言葉は、病の中で生きてゆく人への励ましにはなりますが、「死をどう受け入れるか」という本質的な答えにはなっていないことがわかります。では、戸塚さんはどうしてこの言葉に注目されたのでしょうか。もちろん、本当のところはご本人にしかわかりませんが、子規の言葉は、戸塚さんにとってはある種のターミナルケア、ホスピスの役目を果たしたのかもしれません。

死を目前にし、病で苦しみながらもその状態を「悟りだ」と言ってのけた子規は、戸塚さんから見れば自分と同じ道を先に行った先達です。その先達が「お前のその姿は、悟りの姿だ」と言ってくれているのです。戸塚さんにとっては、何より心強い導きの声だったでしょう。「修行して自分を変えよ」と言う釈迦の教えよりも、「今のお前の姿こそが悟りの姿だ」と保証してくれる子規の言葉のほうが戸塚さんの心に響いたというのは当然のことです。

人にとって、自分が死ぬということ以上に重大な問題はありません。理に叶っているかどうかは二の次で、一番重要なのは、その人にとって説得力のある言葉かどうかです。その話を聞いた本人が信じて、本人が救われるのであれば、それはその人にとって、まぎれもない真実だということです。

私は先ほど、「死を前にして苦しんでいる人にとっては、「釈迦の仏教」よりも阿弥陀信仰のような救済の宗教のほうが、場合によってはよほど救いになる」と申し上げましたが、そう述べたのも同じ理由です。

釈迦が教えた仏教には阿弥陀仏は登場しませんし、阿弥陀仏を拝んだところで往生できる保証はどこにもありません。それでも、それを信じたことによって死への恐怖が緩和され、安心して死を迎えられるなら、それは人を救う力を持った立派な教えです。正岡子規の言葉も、もしも戸塚さんが本当に「この言葉で納得して死ねる」と考えられたのだとしたら、それは戸塚さんにとって最も意味ある言葉だったに違いありません。

戸塚さんは、この言葉を日記に載せたおよそひと月半後に亡くなられました。死への恐怖を完全に乗り越えて死を迎えられたのか、あるいはそうでなかったのかは誰にもわかりません。

しかし、死と向き合いながらも冷静に自己を分析し、なんとかして心にある苦しみの原因を取り除こうと努力されたその姿は、まさに修行者そのもののように私には感じられます。死への恐れは消せなかったとしても、誇り高く前を向いたままで生を終えられたことは間違いありません。

科学が生み出した苦悩

戸塚さんの日記については、ひとまずこれで終わりますが、皆さんはここまでの話をお聞きになられて、どのように思われたでしょうか。

戸塚さんの抱いた苦悩は実際のところ、多くの現代人に共通する苦悩です。なぜなら、科学的教育を受けている現代の我々はたいてい、戸塚さんと同じく、すべての物事を科学の視点でとらえようとするからです。

科学の視点で世界をとらえようとすると、どうしても死に対する恐怖を拭い去るのが難しくなります。かつては(日本で言えば、それこそ昭和の半ばまでは)、「阿弥陀様が極楽に連れて行ってくれる」「神様が天国に導いてくれる」と言われれば、それを信じて疑わない方が大勢いました。

しかし二十一世紀を生きている私たちは、科学で証明できないことを信じろと言われても、そう簡単に信じることはできません。そういう意味では、科学が発展したことによって、これまで経験したことのない「不幸な時代」が到来したとも言えます。

神などの神秘存在を否定する人たちは、科学法則こそが世界の真理であり、科学の示した真理だけで人間活動、人間の世界は完結していると考えます。

逆に、神を本気で信じている人たちは、科学の世界はそれ自体で完結し閉じてはいるものの、その外側には神の世界が存在していると考えます。要するに、神を信じる人たちは科学を含めた人間活動そのものが、神の手の中にあると考えているのです。このように、世界を入れ子構造になっていると想定してしまえば、もはや科学の側からは反論のしようがありません。

たとえば、科学者たちは進化論を正しいと考えますが、神による天地創造を信じる人から言わせれば、「ならば、その進化の法則をつくったのは誰なんだ？ 最初の生命をつくったのは誰なんだ？」という話になります。同様に相対性理論や量子論についても「その法則をつくったのは誰なんだ？」と問われると、科学者は答えられません。この議論はどこまで行っても平行線です。そのため、科学的宇宙全体が神の世界の中に含み込まれていると考えると、神も科学もどちらも真実ということになるのです。

だとすれば、科学と宗教――この二つは永久にわかり合うことはできないのでしょうか。戸塚さんは筋金入りの科学者でしたから、当然ながら、科学の外側に神の世界が存在すると言われても信じることはできませんでした。ですから、それとは別のすがるものを見つけようとなさったのです。科学だけを信じながら生きている私たちも皆同じように、死への不安や苦しみを抱えながら生きるしか道は残されていないのでしょうか。

科学者もまた宗教を信じている

ここで問題を整理してみます。第一講から第三講で私たちは、ハラリさんの『サピエンス全史』をもとにして、宗教の本質を客観的、第三者的に概観しました。「宗教は、超人間的な秩序の信奉に基づく、人間の規範と価値観の制度」であるという明快な定義にあてはめると、現代社会におけるさまざまなイデオロギーや人権尊重主義、環境保護主義など、一見宗教とは無関係な社会理念や社会活動もまた、間違いなく一種の宗教だということが判明します。

それが宗教らしく見えないのは、次第に科学的世界観が導入されてきたために、定義で言うところの「超人間的な秩序の信奉」が、「神などの超越存在が創成した秩序を信奉すること」ではなく、「誰が創成したのでもない、本来的に決まっているこの世の真理を信奉すること」に変更されたため、普段私たちが感じる宗教らしさというものが薄れてしまったからです。そのため、あたかも現代人は宗教と手を切りつつあるかのように錯覚しますが、実際のところは現代も大方の人が、なんらかの宗教を基盤として自分たちの人生を組み上げているのです。

そういった現代的理念の中で自然科学だけは特別で、たしかにそれは「超人間的な秩序の信奉」ではあっても、「人間の規範と価値観の制度」にはなりえないという点で、科学は宗教にはなりえない、とハラリさんは言います。

そうすると、科学的真理だけを信頼する科学者たちは、真の意味で無宗教だ、ということになるわけですが、事はそう簡単にはいかないようで、「現代人は宗教だと思えないような姿の宗教を信奉している」という事実から翻《ひるがえ》ってみれば、「自分は科学的真理だけを信頼している無宗教者である」と自負している科学者であっても、その人が人権尊重主義や環境保護主義などに共感し、それを自己の価値観として設定していれば、その面で立派な宗教人だということになります。科学的真理だけを信奉し、そのほかのあらゆる形態の宗教とは無縁に生きている人というのは想像するのが難しいくらい稀な存在だと言えるでしょう。

現代社会の宗教事情

このような、宗教の歴史的変遷の最先端として現代社会があるわけですが、宗教世界全体がイデオロギーや人間至上主義などへと遷移し、そこにさらに自然科学という非宗教的世界観が強力なバックグラウンドとして登場したことにより、「神などの超越存在が創成した秩序」を真の意味で信奉することはほぼ不可能な時代になりました。いわゆる非科学的世界観を、真の秩序として皆に信奉させることができなくなったのです。

それは言い換えると、私たちの人生は、今あるこの宇宙の中にあって一回限りで完結しており、それとは別の世界で生きることを期待することはできなくなった、ということを意味します。

私たちが現代社会において信奉しているイデオロギーや人権尊重、環境保護などの宗教はどれも、私たちの暮らしに関しては「共通の規範と価値観」を提供してくれますから、この世でよりよい生活をするための支えにはなります。たとえば共産主義を信奉する人たちは、共産主義によって自分たちの人生はより明るく、より充実したものになるという教えを信奉して生きていくわけです。そのイデオロギーが生きる支えになるということです。資本主義しかり、人権尊重、環境保護しかり。そういった宗教はどれも、よりよい「この世」を目指して生きていこうという宗教活動ですから、間違いなく人生を生きがいのある、充実したものにしてくれます。その意味で、これら現代社会の諸宗教は大きな存在意義を持っています。

しかし問題は、「神などの超越存在が創成した秩序」を虚構として排除したことにより、死にゆく人を支えることのできる宗教が消えてしまったところにあります。科学的世界観を土台として成り立っている現代社会では、それに反する世界観を真実として主張し、それを信奉することはきわめて難しい。そしてイデオロギーなどの現代宗教は、この世の問題ばかりを扱っていて、「私たちは死んだらどうなるのですか」「死にたくない私たちは、どうすれば死の苦しみから逃れられるのですか」という疑問には何も答えてくれない。こうして、ハラリさんの考察を手がかりにして到達した現代社会の宗教事情は、「この世で生きている間の人生を支える宗教はいくらでもあるが、死にゆく人、死を恐怖する人を支えてくれる宗教は消えてしまった（柔らかく言えば、「次第に消滅しつつある」）」ということになります。

「不幸な幸せ者」の私たち

このような状況を、ハラリさんの冷静で客観的視点ではなく、我が身のこととして主観的に見たのが戸塚洋二さんのブログです。戸塚さんは間違いなく「骨の髄まで無神論者」の純然たる科学者ですから、科学的真理だけを信頼して生きておられたのですが、神は信じていなくても、ハラリさんの定義にあてはまるような、なんらかの現代的宗教を、ご自身では宗教だという自覚なしに信奉なさっていた可能性は高いと思います。これは戸塚さん個人の内面の問題ですから勝手に詮索するわけにはいきませんが、「この世界はこうあるべきだ」というなんらかの信念を持っておられたとすれば、それはそういう形態の宗教を信奉されていたということになります。

しかし問題は、たとえ戸塚さんがそういった現代的形態での宗教を信奉しておられたとしても、それが死に際してのなんらかの支えにはならなかったという事実です。ブログでもお書きになっていたように、戸塚さんは死を見つめて生きる最後の時間に、何を拠りどころにすべきか深く悩まれ、いろいろな可能性を探り、それでも結局はっきりした答えを得られませんでした。科学的真理には、死にゆく者を支える力がない。そして、イデオロギーや人間至上主義に基づく現世完結型の現代的宗教にもその力はない。これが今の私たちが置かれている宗教世界の実態だということが、戸塚さんのブログを通して理解できます。

この講義のタイトルは「宗教の本性」ですが、その結論がこれです。

（一）ハラリさんのような客観的視点で見るなら、超越存在の力を前提とする従来の宗教はもはやその信憑性《しんぴょうせい》を失いつつあるが、その代わりに、科学的世界観を背景とする、別形態の現世完結型宗教が我々を取り巻いており、その意味では今も昔も、我々人間は宗教世界に浸りながら生きている。

（二）しかしその現代型の宗教は、科学的世界観を前提として成り立っているため、現世で生きている人間の社会だけを救済対象にしている。したがって、死にゆく者の、死に対する恐怖を取り除くことはできない。我々現代人は、従来の宗教が果たしてきた「死の恐怖の完全除去」という効用を享受することのできない立場に置かれており、一人ひとりが個別に死と向き合わねばならない、絶望的な状況に陥っている。

これで、宗教についての私の議論を終わります。便利で快適な生活環境に囲まれ、言論も行動も自由で、さまざまなセーフティネットに保護され、高度な医療で長寿が保証される、最高に幸福な時代に生まれた私たちですが、「気持ちよく死ぬ」という、あるいは「喜びをもって死ぬ」という、一番大切な望みは絶たれました。

現代に生きる私たちは、この世の幸福を存分に味わいながら、「死にたくない」という思いをひきずりつつ死の深淵へと歩かされている「不幸な幸せ者」です。嫌々向かうその死の深淵を、「喜びに満ちた到達点」へと変えてくれるはずの宗教がほぼ消滅しつつある時代に私たちは生まれ合わせたのです——。

「私」を救済する方法の一例

はい、これでおしまい。あとは皆さん一人ひとりで、自分の生きる道を考えてくださ い、と言って終了したら読者の皆さんに叱られてしまいますね。「そんな時代に生まれた私たちに、どんなアドヴァイスをしてくれるんだ。それが聞きたいんだ」とおっしゃる方もおられるでしょう。もちろんそれに対しては、今からお答えします。お答えはしますが、ただ、「これが答えです。これであなたの悩みもスッキリ解決です」とはいきません。私が今からお答えするのは、私自身が個人的に信奉し、死に向かう自分自身を支えてくれる杖《つえ》としてすがっている、お釈迦様の教えです。

しかし、それは決してすべての人を救う万能の杖ではありません。私は、実際に釈迦の教えによって救われた人間ですからその信奉者になったのですが、「その体験をほかの人たちも共感すべきだ」などとは思いません。

人は一生を通してさまざまなことを体験し、その都度《つど》、さまざまな思いを起こし、そしてさまざまに違った人格をかたちづくっていきます。そういった多様な人々が、皆一様に、死に向かって生きていくのですから、死を恐れずに死んでいくための方法もまた多様なはずです。ですからこの講義ではここから先、一般的概説書という枠からはずれて、私の個人体験としての宗教観を語ります。

もしこの講義を、別の宗教を信奉している人が語っているとするなら、ここから先は、その人の宗教体験が示されることになるでしょう。

私はここまで、イデオロギーなどの現世完結型の現代的宗教には、死にゆく者を安穏に死へと導く力はない、と言ってきましたが、たとえば資本主義を信奉する信者が著者だとすると、ここから先の箇所で、私の意見に対する反論を示すかもしれません。

「資本主義が発達することによってはじめて良好な医療も可能になり、一切の苦痛を感じることなく安楽に死を迎えることができる。そのような、死に向かう安らかな道筋が確立されることで、誰もが死を恐れることなく生きる社会が実現する。だから資本主義は死の恐怖を消し去ることのできる優れたイデオロギー（宗教）なのだ」といった感じです。

もちろんそれには一理ありますし、納得なさる方も多いでしょう（私などは「死の恐怖の本質は、現世との関係性がすべて消滅してしまうところにあるので、医療の発達で除去できるものではない」と考えていますが）。

ともかくここから先は、現代社会において失われつつある、「死と向き合わねばならない私を救済する方法」としての宗教の、それでも現代社会で通用すると思われる一例をご提示します。あくまで一例に過ぎないということをご理解ください。誰もがこれを信じれば確実に救われます、などという方法はどこにもない、ということもご了解ください。

私の信奉する「釈迦の仏教」に、万人を救う力がないということは、戸塚さんのお話が証明しています。最高の頭脳を持った科学者が死を目前にして、「釈迦の教えは、今の自分には役に立たない」と判断なさいました。この判断を私はとても重く受け止め、尊重します。ただ私としては、わずか二時間の対談で釈迦の教えの全体を戸塚さんにお示しすることができなかったことが残念で、もう少しお話ししたかったという悔いは残っています。それを聞いたからといって戸塚さんが釈迦の信奉者になられたとはまったく思いませんが、十分なご説明だけはしたかったという思いです。

ですからここから先の本書の内容は、戸塚洋二先生との出会いに十分な時間的余裕があり、私にもう少し説明能力があったならこう言ったであろうという想定で語る、私の宗教観です。もちろん基盤は「釈迦の仏教」ですが、そこを基点として、現代社会のあるべき宗教とは何か、何が私を救ってくれたのか、というお話を個人的見解として語っていくことにします。あまり暗くならないよう、若干くだけた言い方をしていますので、その点もご了解ください。

第五講　自分で自分を救う教え

「生き続けたい」という本能

それでは第五講に入りますが、基本的な問いからはじめます。私たちはなぜ、「死ぬのはいやだ」「死ぬのは怖い」と思ってしまうのでしょうか？

「死後の世界がどんなところかわからなくて不安だから」「この世にやり残したことがたくさん残っているから」「後に残った家族が心配だから」など、死にたくない理由は人それぞれだと思います。

しかし、個人的な事情は別にしてもっと一般的に見るなら、私たちは「生き続けたい」という欲求を本能として持っているからこそ、死を恐れるのです。

この「生き続けたい」という欲求は、人間だけが持っているものではありません。人間以外の動物はもちろん、アメーバのような単細胞生物や植物であっても、すべての生き物には「子孫を増やして生き続けるという行為を、どんなかたちでもいいから実現したい」という意思が、生まれたときからDNAの中にプログラミングされています。その証拠に、どんな動物であっても敵に襲われそうになったら反射的に逃げ出しますし、餌になりそうなものがあれば食べるために近づいていきます。

人間も同じで、胎児は皆、母親の胎内で懸命に栄養を吸収して成長し、誰かに教わったわけでもないのに、生まれてすぐに母親の乳房を吸いはじめます。「このおっぱいを吸うべきか吸わざるべきか、それが問題だ……」などと悩んでいる赤ちゃんはいませんね。なんの理屈も論理もなく、ただひたすらに「生き続けたい」という思いがあるからこそ、私たちは今ここに存在しているのです。

さらに生き物は、敵の攻撃から命を守るために自分のまわりに垣根（境界）をつくります。野生動物の縄張りもそうだし、ミクロの視点で見れば細胞を包んでいる細胞膜もその一つと言えます。単細胞生物が細胞膜を持って多細胞生物へと進化し、やがて意識というものを持った人間が誕生してくるわけですが、そうした進化の根底にも「生き続けたい」という本能が脈々と流れているのです。

生き物は欲しいものがあると、たとえそれが別の誰かのものであったとしても奪おうとします。自分の勢力を伸ばすために邪魔になった相手を殺すこともあります。現代の人間社会では、こうした行為のほとんどが悪とみなされますが、所有欲や征服欲をなくしてしまったら、私たちはおそらく生命として生き延びることはできなかったはずです。ですから、どうあっても自己を存続させ、生き続けたいという欲望は、生き物として誰もが持っていて当然のものなのです。

苦しみから逃れる二つの方法

とはいえ、私たち人間は、ほかの生き物とは本能のあり方が少し違っています。普通の生き物は単純に生き続けたいと願うだけですが、人間はただ生きるだけでは満足できずに、「もっとよく生きよう」「より快適に生きよう」と考えます。

今が一ならば二を目指し、二になったら今度は三や四を目指そうとします。それは、よく言えば「向上心を持っている」ということにもなりますが、そこにはやっかいな問題が潜んでいます。

「もっともっと」と欲望が高まっていくと、できもしない自己中心的な世界を夢見るようになり、最終的には「欲しいものはすべて手に入れたい、永遠に生き続けたい」といった、叶わぬ夢を抱くようになります。これは、現在の状態を物差しにして、未来のことを予想する能力が備わって生まれた、人間だけの特殊な欲望です。

欲望がすべて叶えば何の問題もないのですが、現実の世界はそんなに甘くはありません。永遠の命など手に入るわけがないし、欲しいものを全部手に入れるのも不可能です。すべてのものがお金で買えるならまだしも、お金で買えないものもこの世には存在します。望みがすべて叶う世界などは存在しない。ですから人間は、現状に不満を感じ、望みが叶わない将来に恐怖し、常に苦悩を抱くようになってしまったのです。

こうした不満や不安から生じる苦しみを逃れるためには二つの方法があります。第二講のときに一度答えを出しているのですが、改めてご説明しましょう。

一つは「私の願いを叶えてください、もっと幸せにしてください」と何かにお願いし、その「何か」の力を信じて生きるという方法です。キリスト教やイスラム教などの一神教は、こうした「願望の実現を信じることで苦しみを消滅させる」という考え方をベースに生まれた宗教と言っていいでしょう。

神がこの世界に実在していて、私たちをよい方向に導いてくれると信じられるならば、この方法はきわめて有効です。一神教の神は万能ですから、私たちが抱く最高の望みさえも叶えてくれます。それは、「死んだ後も、永遠に幸福な状態で生き続けたい」という途方もない欲求です。それが叶うというのですから、そこに熱烈な信仰心が生じるのは当然のことです。

もちろんこれは、心の底から神の存在を信じることができた場合の話であって、そうでない人にとっては、神に祈ったところで、必ずしも願いが叶うかどうかは確定しないのですが、信じようと努力する価値はあります。なぜなら、たとえ現時点で自分の望みどおりにいかなかったとしても、「願いはいつか叶う」と感じ取ることで、心が安定するからです。死を目前にして苦しんでいる人の場合も、「死んだ後は魂が神によって救われる」と信じることができたならば、死への恐怖や不安は一気に薄らぎます。

この一神教の教えと似ているのが、阿弥陀仏や、『般若経《はんにゃきょう》』『法華経《ほけきょう》』などの経典そのものに人を救う力があるとする大乗仏教の教えです。これまでも何度か触れてきた阿弥陀信仰では、「南無阿弥陀仏」という信仰の言葉をとなえて阿弥陀仏におすがりすれば、死んだ後には極楽浄土に行けると説きました。そのため日本では、荒廃が進む平安時代末期から鎌倉時代にかけて広く庶民に受け入れられ、それ以降の長い間、死の苦しみから逃れるありがたい教えとして信奉されてきました。

しかし、前講の最後でも触れたように、科学的世界観が浸透した現代社会において、神や阿弥陀仏の存在を本気で信じられる人は稀な存在となりました。一般的な日本人はもちろん、伝統的な一神教の世界でも、大多数の人は科学の真理と、「新宗教」である資本主義や共産主義、あるいは国民主義、人間至上主義といったイデオロギーを信じて生きているのが実態でしょう。

ただ問題なのは、そうした新宗教は「現世の幸福を追求するための指針」にはなりますが、老・病・死の苦しみを和らげるものにはならないという事実です。つまり、「死にゆく私を支えるもの」にはなりえない。かつての一神教や阿弥陀信仰にはそれがありましたが、今では本気でその世界観を信じる原理主義的な人以外を救う力を有してはいません。では、（私も含めて、）外部の超越存在を信じることができない人たちは、どうすれば苦しまずにこの世界を生きられるのでしょうか。

そこで二つめの方法として考えられるのが、私が惹かれた「釈迦の仏教」に従う——という生き方です。釈迦が、神や神秘にすがるのではない、別の方法によって苦しみからの脱却を説いたことは、すでに第二講でもお話ししました。いわく、「苦しみを消滅させる唯一の方法は、欲望の充足を望むのではなく、欲望そのものを消すことである」。もっと幸せになりたいと願うのは、生まれながらに備わった人間の本能であるが、それが我々の苦しみを生むのだ。だから、苦しみを消すためには、その願望を消すしかない――。

要するに、釈迦は「本能とは逆を向いて進みなさい」と言ったのです。これは、非常に優れた見識だと私は思います。

仏教は「心の病院」である

第二講の後半部、ハラリさんの『サピエンス全史』から「渇愛」という言葉を紹介した際にもご説明しましたが、釈迦は「欲望こそが苦しみの原因である。欲望にはどこまで行っても終わりがないのだから、求めれば求めるほど苦しみは増す」と考えました。

人は、何かを手に入れたいと願って、それが叶わないと不満を抱きます。さらには、たとえ手に入って一時的に満足したとしても、「もっともっと」と常に欲望のハードルを上げていくため、いつまでたっても現実と理想の間にあるギャップが縮まることはありません。そのように、欲望が不満をつくり出して私たちを苦しめているのだとしたら、「最初から、その欲望を捨てるべきだ」と釈迦は考えたというわけです。

その意味で「釈迦の仏教」は、自分で自分を救うことを説いた「自力救済」の教えであり、神や神秘といった、外部の力に頼る教えとは、まったく異なる宗教と言えます。

「幸せ」のとらえ方自体、仏教は独特です。イデオロギーなどの現代的宗教も含めて、ほとんどの宗教では、うれしさや喜びを感じる状態を幸せととらえますが、仏教はそうではありません。

仏教では「この世はすべて苦しみである（一切皆苦《いっさいかいく》）」と考えているため、その苦しみが消滅した心安らかな状態、湖の水面にたとえるならば、波が立たない静かな状態を理想とします。そのため、仏教では「幸福」「幸せ」という言葉はほとんど用いることがなく、「平穏」「安寧」という言葉を使います。欲望を捨てることが本当に可能かどうかは別としても、釈迦の教えは非常に論理的で、十分納得できる考え方だと思います。

しかしその一方で、人はもっとよく生きたいという欲を持っていたからこそ、ここまで文明を発達させることができたのではないか、そうした欲望をすべて捨ててしまったら人間として生きる意味がないのではないか、という意見も当然あると思います。

それはまったくそのとおりで、「上を目指して頑張ろう」という思いがあったから、科学や文明が進歩したのは事実ですし、多くの人にとっては、「もっと幸せになりたい」という欲求が、生きがいや、この世を生きるための原動力にもなっています。

しかし、すべての人が「いっそうの幸福を追求する」という生き方を望んでいるわけではありません。この世にはなんらかの外部要因によって、頑張りたくても頑張れない状況に追い込まれ、一歩も前に進めなくなって立ちすくんでいる人もいます。また欲望の充足という行為に、価値や満足感を見出せない人もいるはずです。それでも上を目指して生きねばならないとしたら、納得できない世間的価値観にむりやり自分を合わせて生きてゆくわけですから、それは苦しみの海を泳ぐようなもので、あまりにつらい。

じつは、仏教が「欲望を捨てる」という道を選んだのは、それが、生きていることに充実感を感じている人や、現状に満足している人を対象にした宗教ではないからです。私はよく仏教を「心の病院」という言い方で説明していますが、重い心の病を背負った人たち、この世に生きにくさを感じている人たちを救うために生まれた、非常に特異な宗教が「釈迦の仏教」です。そしてその「心の病院」としての仏教が、ひいては私たちの死への恐怖を和らげてくれる最良の安定剤として作用することになるのです。

では、ここからしばらくは「釈迦の仏教」の特異性を理解していただくために、釈迦の誕生から仏教成立に至るまでの歴史を振り返りながら、釈迦が見つけた「この世の真理」について解説していこうと思います。仏教に関心をお持ちの方は、すでにご存じのことも多いと思いますが、復習のつもりで聞いていただければ幸いです。

一切皆苦、諸行無常、諸法無我、涅槃寂静

釈迦の本名は、ゴータマ・シッダッタと言い、インド北部の街（現在のネパールのルンビニ）でシャカ（釈迦）族の王子として生まれました。青年時代までは何不自由ない贅沢な生活を送っていましたが、やがて「人間は誰も生老病死の苦しみから逃れることができない」ということを知り、苦悩するようになります。そして二十九歳のとき、ついに地位や財産、妻子など、すべてを捨てて出家してしまいます。

その後、釈迦は六年間にわたって、先輩修行者のもとで学んだり、山に籠《こ》もって苦行に励んだりしたものの、悟ることはできませんでした。「苦行では悟りを得られない」と

知った釈迦は、山を降りて菩提樹《ぼだいじゅ》の下で深い瞑想に入ります。それによって釈迦はついに悟りを開き、のちの仏教の教えとなる「この世で苦しまずに生きるための道」を発見します。

それはどんな道なのか。前の講義でも少し触れましたが改めて説明すると――、まず「一切皆苦」、つまりこの世のすべての現象の本質は苦であり、我々はその苦しみの海の中を、生存本能に引っ張られながら、否応なく生きてゆかねばならないという事実があります。

次に、その苦しみを消滅させるために必要な世界観として釈迦が見つけたのが、「諸行無常」「諸法無我《しょほうむが》」という、二つの真理です。諸行無常とは、この世の存在は絶えず変化していて、不変のものは何もないという真理。一方の諸法無我は、すべての物事や事象は因縁《いんねん》（原因）によって生じるのであって、「私」というものもそれ自体では存在しておらず、因縁によって一瞬現れる刹那《せつな》的現象の連続体に過ぎないと考えます。

このように、すべてのものは常に移ろっていて、自分すらも絶対的な存在ではないと考えると、価値観が変わります。何かを欲して手に入れたとしても、それが永遠のものでも絶対的なものでもないとすれば、欲望や執着を持つことに意味がなくなります。さらに自分という存在さえも絶対でないと考えれば、「私はこうあらねばならない」という自分に対する執着（自我）を持つ必要もなくなります。

そして、執着をすべて捨てた先のゴールにあるのが「涅槃寂静《ねはんじゃくじょう》」の世界（心が静かで安寧な状態）です。以上が、釈迦の発見した仏教の基本となる法則であり理念です。仏教の世界ではこの四つを「四法印《しほういん》」と呼んでいます。

梵天勧請の真意

話はまだ続きます。菩提樹の下でこの世の法則性を発見した釈迦は、こんなことを考えました。

「私が発見したこの薬（道）は、この世の世俗的価値観になじむことができず、生きることが苦しいと感じる特定の人たちには必要となるが、世間はそんな人ばかりではない。私の発見を人々に説き聞かせたところで、ほとんどの人には役に立たないだろうから、それを広めようとするのは無駄な努力だ」

ここは、仏教においてきわめて重要なポイントです。釈迦はもともと、自分の教えを広めるつもりはなかったのです。つまり、自分が抱えている苦しみを自分の力で解消できればそれでよかったので、誰かに自分が発見したことを伝えるつもりなどまったくなかったのです。これは、釈迦の生涯を綴った仏伝に実際に書かれていることです。

そして釈迦は、見つけた真理を誰にも話さずに涅槃に入ってしまおうと考えます。涅槃とは、輪廻のループを断ち切った、二度と生まれ変わらない究極の安穏状態のことです。古代インドの宗教観は輪廻思想がベースにあり、生き物は「天《てん》・人《にん》・畜生《ちくしょう》・餓鬼《がき》・地獄《じごく》」の五つの世界（大乗仏教になって「阿修羅《あしゅら》」も加わる）をいつまでもぐるぐると生まれ変わってゆくと信じられていました。だからこそ釈迦は、「生まれ変わらないことこそが理想である」ととらえた——ということはすでに述べました。「釈迦の仏教」では、生きていることそのものが苦しみだと考えますので、その生が終了して、二度と生まれ変わることのない完全消滅の状態を究極の目的とするのです。それが涅槃です。

もしも釈迦が誰にも教えを説かずに亡くなってしまったら、この世に仏教という宗教は存在しなかったはずです。しかしそこへ、天から梵天《ぼんてん》（バラモン教の最高神ブラフマン）が降りてきて、次のように説得します。

「あなたが見つけた薬はとても効能があるので、それを秘密にしたままで亡くなるのはもったいない。ぜひとも多くの人々に広めてください」

釈迦はその申し出を聞いても「どうせみんな理解してはくれないのだから、そんな無駄なことはしたくない。疲れるのはいやだ」と断ります（本当に仏伝にそう書いてあります）。しかし、梵天は引き下がらず、「限られた人のための薬であってもいいのです。そういった一部の苦しんでいる人たちに分け与えることに大きな意味があるのですから、どうぞお願いします」と食い下がったため、釈迦はついに了承して、教えを広めることを梵天と約束します。

これが仏伝にある「梵天勧請《かんじょう》」と呼ばれる有名なエピソードです。釈迦の生涯は、このようなエピソードが連なって伝記になっているのですが、私はこの「梵天勧請」のエピソードこそが、仏教という宗教の本質を最もよく伝えていると思っています。

なぜなら、釈迦は自分の体験をもとにして、ここではじめて「自分のための救済の道」を「人々のための宗教」へと転換したからです。その順序が「自利」から「利他」であることに注目してください。あくまで大事なのは自分を確立する「自己救済」であり、そのうえで「人助けの慈悲」がある。ここが、ほかの宗教にはない、「釈迦の仏教」の大きな特徴です。

「待つ宗教」はいかにして拡大したか

さて、この「梵天勧請」をきっかけにして、仏教は宗教としての第一歩を踏み出すことになりました。

同じ宗教と言っても、一神教と仏教とでは布教の意味がまったく異なることがわかるはずです。キリスト教やイスラム教は「万人を幸せにしたい」あるいは「世界を一つの教えに統一したい」という意思が布教の動機となりましたが、釈迦にはそうした思いは一切なく、梵天に頼まれたから「仕方なく」教えを説くようになり、それが結果的に拡大したのです。そういう意味では、「釈迦の仏教」は本来限られた人たちだけのための宗教であって、世界宗教になるべきものではなかったとも言えます。

仏伝には、釈迦がどんな順番で人々に教えを説き、いかにしてサンガ（僧団）が形成されたか、その経緯についても詳しく書かれています。

まず釈迦は、ガンジス河の聖地ヴァラナシ（ベナレス）近郊のサールナートという場所で、かつて一緒に苦行に励んでいた五人の仲間（五比丘《ごびく》）に教えを説きます（これを「初転《しょてん》法輪《ぼうりん》」と言います）。彼らは、長年修行をしてきて悟り寸前まで到達していたので、釈迦の教えを聞くやたちまち悟りを開いて、最初の弟子となりました。ここにサンガの原型が誕生します。

次に釈迦が教えを説いた相手は、耶舎《やしゃ》（ヤサ）という人物です。彼は釈迦と同じような境遇の若者で、裕福な家庭に生まれながらも、それまでの快楽追求の生活に疑問を感じて悩んでいました。たまたま公園へ遊びに来ていて釈迦に会い、会話しているうちに教えに心惹かれて弟子になります。じつはこのエピソードでわかる大事なことがあります。それは、仏教が「広める宗教」ではなく「待つ宗教」であることを再確認できるエピソードだということです。釈迦はたまたま耶舎に会い、たまたま会話して、それが結果として、悩んでいた耶舎の心に響いた。これが、「釈迦の仏教」が広がっていく普通のパターンなのです。

この耶舎に対する説法の後、釈迦が八十歳でこの世を去るまでの四十五年間で弟子の数は千人を超えたと言われますが、釈迦のほうから無理強いして教えを説いた例はありません。耶舎の後にも、大勢の弟子を抱えた異教徒の三迦葉《さんかしょう》（カッサパ三兄弟）やマガダ国のビンビサーラ王などが帰依《きえ》しますが、彼らは釈迦やサンガの弟子たちが強制して改宗させたわけではありません。自らの意思で進んで仏教徒になったという点に、「待つ宗教」としての仏教の特性がよく表れています。

こうしてサンガは一気に拡大し、釈迦の名前は一般の人にも広く知れわたるようになりました。そして釈迦の死後、百年あるいは二百年が経った後（正確な年代はわかっていません）、インドを支配していたアショーカ王が（これもたまたま）仏教に帰依したことを機に、仏教はインド全土へと広まり、やがてはアジア各地へと拡大していったのです。

つまり仏教は、自らの勢力を広げ、信者を増やそうという欲求を持たず、その一方で、教えに惹かれてやってくる人は、誰でも分けへだてなく受け入れるという「待つ宗教」として出発した。それがやがて、その教えがかえって多くの人々の心を引きつけ、特にアショーカ王が信者となったことで、インドの外にまで広がったというわけです。おそらく、お釈迦様自身、こうなるとは思っていなかったでしょう。

これが、第二講の最後に出した問い——もともとは布教という概念すら持っていなかった仏教が、その後、インドからアジア各地へと広まり、やがては世界宗教の一つと呼ばれるようになったのはなぜか——の答えです。

仏教の修行プロセス

しかし、「欲望を捨てることが苦しみを消滅させる」という仏教の基本原理が頭でわかったとしても、それを実践するのは容易ではありません。いくら心の中で欲望を消滅させようと努力したところで、普通の生活を続けていれば、さまざまな誘惑が私たちを襲ってきます。だからこそ「釈迦の仏教」では、出家が必須とされ、出家者たちはサンガと呼ばれる集団に入って修行に励むことが義務づけられていました。自分を変えるために、まず自分のライフスタイルを変える必要があったのです。

では、サンガの出家者たちは、どのような修行をしたのでしょうか。それは「四諦《しだい》」という教えに端的に表されています。釈迦が初転法輪で説いた、最も基本的な修行プロセスが四諦です。「諦」とは仏教では真理という意味で、四諦とは悟りを開くために知っておくべき四つの真理のことを指します。順に説明してみましょう。

まず一つめは「苦諦《くたい》」。これは、私たちの人生は苦しみの上に成り立っているということを意味しますから、先ほどの「一切皆苦」と同じことです。

次に、その苦しみから脱却するための最初のプロセスとなるのが「集諦《じったい》」で、これは「すべての苦しみは、外部でなく、自分の心の中の煩悩から生じる」という真理です。「諸行無常」「諸法無我」にも通じる考え方で、「諸行を常だと見たり、諸法を我と見ることが煩悩であり、それが苦しみの源となっていることをまずは認識しなさい」ということです。

三つめのプロセスが「滅諦《めったい》」。意味は「その煩悩を自分の力で消し去ることができれば、苦しみも消える」という真理。

そして、その欲望を消すための修行の道として、最後に示されたのが「道諦《どうたい》」です。その中身が「八正道《はっしょうどう》」(真理を実践するための八つの道。「八聖道」とも言う)で、一般には「四諦八正道」とワンセットにされて示されます。

八正道とは次の八種類の生活指針です。

（一）正見《しょうけん》――正しいものの見方をする
（二）正思惟《しょうしゆい》――正見にもとづいた正しい考えを持つ
（三）正語《しょうご》――正見にもとづいた正しい言葉を語る
（四）正業《しょうごう》――正見にもとづいた正しい行いをする
（五）正命《しょうみょう》――正見にもとづいた正しい生活を送る
（六）正精進《しょうしょうじん》――正見にもとづいた正しい努力をする
（七）正念《しょうねん》――正見にもとづいた正しい自覚をする
（八）正定《しょうじょう》――正見にもとづいた正しい瞑想をする

ここで重要なのは、どれもすべてが「正見」をベースにしているということです。これはすなわち、自分の世界観を変えるための修行で最も大切なのは、自己を正しく見ることだと言っているのです。そして、そのためには優れた知恵（仏教では「智慧《ちえ》」と書きます）が必要となります。ではどうやってその智慧を磨いて、自分の本当の姿を正しく観察するのか。そこが、釈迦の教えで生きようとする者がわきまえるべき最重要ポイントになります。

瞑想は自分で自分を変える修行

仏教の修行というのは自己改良の道なので、外から与えられたやり方をマニュアルどおりにたどっていけばうまくいくというものではありません。実際には、釈迦が残した多くの教えに触れながら、そしてよき先輩のアドバイスを受けながら、自分であれこれ工夫しながら自分を変えていく。それが「道諦」の本当の意味なのです。

とはいえ、そんな説明ではもの足りないと思われるかもしれませんので、修行の基本となる「瞑想」について、少し解説しておきましょう。

皆さん、瞑想という言葉はご存じですね。本来は「冥想」と書くのが正しいそうですが、今は一般的に用いられている瞑想という表記を使います。さてそれで、仏教の瞑想とは何を目的にしているのでしょうか。

「何も考えずに心を無にするため」とか「日常を離れて癒やしを求めるため」とか「変性《へんせい》

意識（トランス）状態に入り神秘的な体験をするため」といった答えが返ってきそうですが、それは皆、煩悩を消すための瞑想ではありません。仏教における瞑想の目的は、癒しや神秘体験ではなく、自分の価値観・世界観を徐々に変えることにあります。

価値観を変えると言っても、瞑想中に突然ピカッと光のようなものが見えて、一瞬にしてそれまでの価値観や世界観が変わるわけではありません。瞑想に神秘体験を期待する気持ちもわからなくはありませんが、古代インドに伝わる仏教の文献を見ても、神秘体験をして一瞬にして悟りを開いたという話は見当たりません。

釈迦の場合も、菩提樹の下で悟りを開きましたが、いきなり瞬間的に真理が見えてきたわけではなく、悟りはあくまでも長い修行生活で瞑想を続けた結果であり、智慧の力でじんわりと真理が見えてきたと言われています。先の五比丘やそのほかの弟子たちに至っては、皆が釈迦から教えを受け、その指導に従ってトレーニングを積んだ結果としての悟りですから、どこにも電撃的、神秘的体験などありません。釈迦がインストラクターの先生で、弟子たちが先生の指導で日々の修行に励む、といった情景ですね。

個人的な話になりますが、私はタイのチェンマイの近くにあるお寺に毎年のように足を運び、実際の出家生活を体験させてもらっています。そのお寺で瞑想を指導してくれている修行僧が、瞑想をはじめる前にこんなことをおっしゃっていました。「長い時間瞑想していると、いろんな光や不思議なものが見えたりしますが、それは当たり前のことなので無視してください」と。

もしも光が見えたら、何かとんでもないことが起こりそうですが、それは誰でも普通に見えるもので、悟りや修行とはまったく無関係だと言います。たしかに、とくに疲れているときなどに長い間じっとしていると、何か見えた気にもなるでしょう（皆さんも、ちょっと試してみてください）。それを宗教体験だと語る宗教もあるようですが、何が見えようが、自分の心の内が変わらない限り、生きる苦しみは消せないのです。

それでは、仏教における瞑想とは、具体的にはどういうものなのか。まず、瞑想中は呼吸を整え、精神を集中して「自分が今、何を考え、何をしているのか」を客観的に観察する状況をつくります。もう一人の自分が、座っている自分を見ている――そんなイメージです。

次に、「私は今やってはいけないことをやっている。今やってはいけないことをやらなくなった……」というふうに、他者として自分の心の中を観察しながら煩悩を消すトレーニングを続けていきます。これが、第二講で引用した、ハラリさんが説明していた釈迦の瞑想術――「私は何を経験していたいか?」ではなく「私は今何を経験しているか?」――です。

それを毎日繰り返していくことで、自分の内面が少しずつ変わっていき、やがては波立たない自分になっていきます。そして、その悟りに至るトレーニングプログラムを後世の人たちに説き残してくれた釈迦の教えは、神秘でもなければ、人智を超えたものでもありません。「これこれこうすれば必ず最終目標に到達できる」という、一歩ずつの登り方を教えてくれる親切なステップガイドなのです。

そのように言うと、「なんだか面倒くさいな。自分の価値観を変えたいのなら、瞑想なんかしなくてもいろんな人生経験を積めば変わるだろうに」と思った方もいるかもしれませんね。しかし、仏教が瞑想修行を重視するのには、もちろん理由があります。

たしかに、さまざまな出来事を経験することで人の価値観は変わります。しかし経験というのは、「自分を変えたい」と思って自ら積み重ねるものではありません。向こうからたまたまやってきた出来事によって自分が変えられていくのが人生経験です。

それに対して仏教の瞑想修行は、変化が向こうからやってくるのを待つのではなく、自分から積極的に自分を変えるほうへと向かうのです。自分を変えてくれる経験が訪れることを待っていては、いくら時間があっても足りません。そのために仏教では、自分で積極的に自分を変える手段として瞑想修行を取り入れたのです。

自分の力で少しずつ心の煩悩を消していくというのが「釈迦の仏教」の基本ですから、その道のりは長く、歩みはゆっくりです。釈迦でさえ悟りを開くまでに六年もかかりました。「昨日と比べて今日は少し変わってきた、明日はもう少し変わるかもしれない……」といった具合に、徐々にステップアップしながら自分を変えていくのが「釈迦の仏教」の修行です。

そうなると、「釈迦の仏教」という薬は、たとえば病に罹って死期が迫ったときの特効薬にはなりえませんが、体質を改善し抵抗力を高めていく漢方薬のようなものですから、日ごろから飲み続けていくことで、いざというときに効果を発揮してくれます。

釈迦が説いた「諸行無常」「諸法無我」という事実を我が身のこととして取り入れ、普段から煩悩を消す努力を続けていれば、死に直面したときにも恐怖を感じずに済むかもしれません。自分という存在を、絶対ではない、苦しみだけの世界の中へたまたま現れた偶然の産物に過ぎないと理解するなら、「永遠に生き続けたい」という執着は消えます。そうしたすべての苦しみが安楽へと転換した世界こそが「涅槃寂静」なのです。

宗教の多様性を容認する

このように「釈迦の仏教」は、現代の科学的世界観が主体となっている社会においても、我々を死の苦しみから救い出すことのできる稀有《けう》な宗教ではあるのですが、「覚悟の修練」を必要とする、という点で、誰もが楽々と進める道ではないのもたしかです。

自己鍛錬システムに特化した「釈迦の仏教」は、すでに申し上げたとおり、合理的・論理的で現代人にも十分に受け入れられる魅力がありますが、「言うは易く、行うは難し」、自己改造の努力をひたすら続けるというのは、世俗で暮らす人にとってはやはり至難の業《わざ》と言わざるをえません。死を目前にした戸塚さんが「釈迦の仏教」は今の自分では無理だとおっしゃったのも当然です。だから、別の選択肢として、釈迦以外の仏や経典を信奉する大乗仏教という宗教が生まれたのです。

阿弥陀仏にすがることで「死んだ後は極楽浄土に行ける」と心から、「無条件に」信じることができたとしたら、死の恐怖に打ち勝つことができるでしょう。また先ほど述べたように、日ごろから「釈迦の仏教」を実践して、欲望を本当に捨てられたならば、死を素直に受け入れる気持ちに至るかもしれません。

ただ、何度も言っているように、二十一世紀の現代において、科学的真理を否定してまで不思議な世界の実在を信じ切ることはきわめて困難です。そしてそれができないなら、釈迦の教えに従ってゆっくりとでも自己改造の道を歩むしかないというのが私の信念なのです。

私自身は「釈迦の仏教」の信奉者を自認しており、これまで「大乗仏教は歴史的には釈迦の教えではない」という発言を繰り返してきました。そんな私が最近考えているのが、宗教の「連《つら》なり」についての問題です。

そもそも釈迦は、なぜ仏教をつくったのか。それは「自分自身を変えることによって本当の安楽を手に入れること」を目指したからなのですが、その教えを本当に理解するためには、「釈迦の仏教」よりもさらにさかのぼった原点に立ち戻る必要があるのではないか。仏教がさまざまに枝分かれしていく前の太い幹の部分が「釈迦の仏教」であることは間違いありませんが、突き詰めて考えていくと、さらなる原点、根っこの部分（釈迦が修行を思い立ったとき）にまで戻らないと、仏教の本質にはたどり着けないのではないかと思い至ったのです。

そこで原点に戻って見えてきたのが「宗教の多様性の容認」です。若干ややこしい話になりますが、どういうことなのか説明してみましょう。

釈迦は「本能としての欲望を捨てることによって自分を変えよ。自分が変わったときにはじめて安楽が訪れる」と考え、欲望を捨てる方法として「修行の道」を説きました。瞑想しながら自分の中の煩悩を一つずつ消していくのがその修行です。しかし、よく考えてみると、修行以外の方法でも価値観を変えて欲望を捨てることは可能なのではないでしょうか。

たとえば、阿弥陀仏を信じるとしましょう。「死んだ後は、必ず阿弥陀様が私を極楽に連れていってくれる」と本気で、「無条件に」信じた場合、その人にはどんな価値観の変化が起こるでしょうか。中世の一向宗の信者さんたちをイメージしてみましょう。信じることでその人たちの心には何が起こるでしょうか。

それは「欲望の消滅」です。なぜなら、最後に安楽が待っていると思えたならば、それ以外のことを望む気持ちはなくなります。阿弥陀仏を信じていれば、現世でどんなに苦しいことやつらいことがあっても、最終的には悩みのない安楽な世界が待っている——そう信じられれば「現世で無理に頑張って上を目指して富や幸せを追求しなくてもいい。必要以上の欲望を抱く必要がない」と考えるようになるのではないか。浄土真宗の妙好人《みょうこうにん》（在家の篤信者《とくしんじゃ》）と言われる人たちは、まさにその生き方の体現者であり、欲望を消しているという点では「釈迦の仏教」が目指すところと同じ立場にいると言えるでしょう。

そうだとすれば、「釈迦の仏教」でも阿弥陀信仰でも、あるいは一神教でも、欲望を捨てた「新しい自分」、同じ価値観を持った新しい人格がそこにできあがるのではないか。要するに、釈迦が示した「修行の道」は自分を変えて「救い」に至る一つの道ではあるけれども、阿弥陀信仰や一神教的な「何者かにおすがりする」という別の道も、同様に自分を変えて「救い」に至る道である——。これが、私が「宗教は横に連なっている。そして、複数の宗教が私たちを支えてくれている。すべての宗教に意味がある」と思うに至った理由です。

何度も言ってきたように、現代社会においては、科学的世界観に合致しない、いわゆる非科学的世界を前提とする宗教は次第に勢力範囲が縮小しつつあります。それに代わって、イデオロギーなどの現世完結型宗教が勢いを増してきました。皆が宗教だと意識しない宗教が、皆を導いているのです。

しかしそのような状況にあっても、科学的世界観と無理なく併存できる稀有な旧来型宗教として「釈迦の仏教」があります。この世を原因と結果の因果則だけで説明し、外部に絶対存在も超越的パワーも想定することなく、瞑想の力で自己の内面を改造していくことによって、生きる苦しみ、死ぬ恐怖から逃れようとする「釈迦の仏教」は、現代社会において「死にゆく者を救済できる」稀有な宗教だと私は考え、そしてその信奉者になったのです。

そのような私にとって、外部の超越的な存在（阿弥陀信仰ならば阿弥陀如来）のパワーを信じてそこにすがれ、という教えは、釈迦の教えとまったく合致点のない不合理な宗教だと映るはずなのですが、そこに今言った「宗教の連なり」を想定すると状況は一変し、道は違っても最終的には「欲望のない自分をつくる」という目的に行き着く、同系統の宗教だということがわかってくるのです。たとえ勢力は衰微《すいび》し、本当の信仰者が減少してはいても、「自己の欲望を抑制できる人格を形成する」ことが可能な旧来の宗教にはすべて、現代的な存在意義があると感じられるようになるのです。

ただし、くれぐれも注意してほしいのは、そういった諸宗教と「釈迦の仏教」との同一性はあくまで、「自己の欲望を放棄することのできる人格を形成する」という一点でのみ成り立つのであって、それが成立しない宗教とは相容れません。

「極楽に行けば贅沢三昧、何不自由ない暮らしが待っているから、そこへ行くために念仏する」というのであれば釈迦の教えとは無縁の思考であって、むしろ現代の投資社会とよくなじむでしょう。

「我々の教義は普遍的真理であって、それを受け入れない者は誤った道を進む愚か者である。だから、我々の教義をどんなことがあっても世に広めねばならない」と考える宗教は宗教イデオロギーであって、これも釈迦の教えとは無縁です。

ですから、「登る道は違っても、山のてっぺんに上がれば、皆そろって同じ月を見るのだ」といった大雑把《おおざっぱ》でいい加減な同一性を言っているのではないという点にどうぞご留意ください。

第六講　宗教の智慧を磨く

よい宗教と悪い宗教

最終の第六講に入ります。まずはじめに「悪い宗教とは何か」について考えます。その後で、たくさんある宗教の中から、どのようにして自分に合った宗教を選べばよいのか、宗教の正しい選び方についてお話ししていこうと思います。

まずは「よい宗教とは何か」を考えてみましょう。よい宗教とは、私の定義で言えば「人間が宿命的に背負っている苦しみを緩和し、心を安楽にしてくれるもの」を指します。人間は死に直面したときの恐怖を和らげてくれるものだけがよい宗教とはかぎりません。人間は皆、やがて訪れる死を自覚しながら生きているため、常に苦しみの中を歩いていることになります。そうした死を待つしかない虚《むな》しい人生に、なんらかの意味づけをしてくれるもの、生きがいや喜びを与えてくれるものもよい宗教と言っていいでしょう。

ハラリさんが『サピエンス全史』の中で「イデオロギーも宗教の一つである」ととらえたのも、そのためです。たとえば資本主義の信者になり、富を追い求めて生きることが、本当の幸せかどうかはなんとも言えませんが、何も信じないで生きるよりは、そう信じたほうがよほど人生を楽しく過ごせるはずです。何も信じるものがなく、目指すべき方向が見えていなかったとしたら、私たちは苦しみの中をただ茫々《ぼうぼう》と死に向かって歩いていくしかありません。これは非常につらいことだと思います。

もちろん、仏教やキリスト教、イスラム教といった一般的な宗教も、イデオロギーと同様に「人間はどう生きるべきか、幸せとは何か」という人生の指針や価値観を私たちに与えてくれています。その意味では、私たちのまわりに存在する宗教はどれもがよい宗教と言っていいのかもしれません。

しかし、イデオロギーにせよ、宗教にせよ、それを信じてはみたものの、後になって「信じなければよかった。心の平安を求めて入信したのに、前よりももっと苦しい状況に陥ってしまった」と後悔することがあります。これが悪い宗教です。イデオロギーで言えば、ナチズムがその典型ですね。悪いイデオロギーの場合は、社会に直接的な悪影響を与えて外圧がかかるため、善悪の判断がつきやすいのですが、一般的に宗教と呼ばれるものの場合は、「よい・悪い」という判断はかなり難しくなります。

変な教えを説く宗教にはまってしまい、まわりから「あの人は騙《だま》されているのではないか」と心配される人がたまにいますね。この場合は、それがどんなに怪しげで評判の悪い宗教だったとしても、当事者が心から信じて救われたと感じているならば、それは一概に悪い宗教とは言えません。怪しいとか間違っているという意見は、あくまで世間一般の常識や価値観から見たものであって、その宗教を信じている本人には、すべてが合理的につながっているように見えています。

たとえば「高額なお布施《ふせ》を要求する宗教は信用できない」と多くの人は思っていますが、それはあくまでも資本主義的な取引の概念で見た場合の判断であり、絶対にそれが正しいとは言えません。高額なお布施を「悪」と考えるのは、資本主義という宗教観、社会観で物事をとらえているからで、当事者がそれで救われ、社会に害を与えていないかぎり問題はありません。資本主義では「富」に一番の価値を置いているため、富を収奪する集団のことを悪いと思ってしまうのです。

高額な布施を強要する宗教が悪になるのは、布施した側が後になって、「私はだまされた」と言って後悔し、その後悔を周囲の人たちが納得することで、社会的悪として認定された場合に限られます。つまり宗教には、よいか悪いかの絶対的な基準は存在しないと思っておいたほうがいいでしょう。置かれた状況や立場によって、見えているものは違います。たとえ大多数の人の目から見て悪い宗教だったとしても、当事者がそれを心から信じ、生きる支えにしているとしたら、それはその人にとってはよい宗教ということになるのです。

「オウム真理教事件」から考えるべきこと

そうは言っても、明らかに悪い宗教というものも存在します。信者を救うのではなく、最終的に苦しめ、悲しませる宗教です。たとえば、オウム真理教がそうでした。オウム真理教は地下鉄サリン事件(一九九五年)などで多くの人命を奪い、多くの信者を死刑の場へと送り込み、後悔の念を起こさせたという点で、ナチズムと同じく「悪い宗教」であることは疑いようがありません。

しかし、民族に優劣が存在するというトンデモ進化論を説いたナチズムとは違い、オウム真理教の場合は、もともとの教義自体は大きくは間違っていませんでした。「修行によって心の中の煩悩を消し去ることで苦しみは消滅する」という考え方は「釈迦の仏教」と同じですし、出家して集団生活の中で修行に励むという姿勢も同じです。現世の価値観に疑問を感じた若者たちが、救いを求めて集まったというオウム教団成立のプロセスも、仏教サンガの成り立ちと基本的には変わりません。それならば、「釈迦の仏教」とオウム真理教の決定的な違いはどこにあったのでしょうか。

それは、教えの内容そのものよりも組織のあり方に問題があったと私は見ています。具体的には、教祖である麻原彰晃《あさはらしょうこう》（松本智津夫《ちづお》）が握っていた絶対的な権威と、その権威に裏付けられた暴力性です。

最初はヨガ教室から始まった「オウムの会」（のち「オウム神仙《しんせん》の会」）は、麻原の「空中浮揚《ふよう》写真」などを機に「オウム真理教」と名を改め、外観は仏教の教えを基本に置く宗教団体として、しかし内実は、麻原を頂点とするヒエラルキー重視の疑似国家を組織内につくり上げていきました。

一般の社会ではスケールの大きい話でも、オウムという限られた組織の中では、努力すれば「大臣」（「国家元首」麻原のもとで、「大臣」「長官」が「省庁」を統括した）になることも可能です。教祖の覚えめでたくありたいと願う者たちは、「教団全体の利益のためなら多少の暴力は許される」「暴力を使ってでも、相手の悪行を止めてあげることがその人のためである」といった理屈が加わることで先鋭化しました。欲望を捨てるつもりで入信した若者が、組織構造に引きずられ、教祖の欲望を満たすために殺人まで犯すようになってしまったのです。

ではなぜ、オウム真理教は同じ仏教を奉じながら教祖第一の組織になってしまったのか。その理由は「律がなかったから」という一言に尽きると私は思います。

「釈迦の仏教」で絶対的権威を持っているのは人ではなく、「律」という、メンバーの行動規範を定めた法体系です。つまり、仏教の僧団組織は完全法治主義なのです。弟子はたとえ師匠の命令であっても、それが律に背く場合は、その命令を聞いてはいけません。

また「釈迦の仏教」では、個々のサンガにリーダーは存在せず、上下関係は出家の時期が早いか遅いかだけで決まる形式上の序列にすぎません。席次と権威性とは無関係なのです。そして、「律」はもちろん暴力を禁止していますから、殺人などが許されるはずもありません。以上のことをオウム真理教に重ねてみれば、その違いは明らかですね。

こうして両者を比較したことで、「やっぱりオウム真理教は特殊で悪い宗教だった」という結論で終わりたいところですが、それだけではあまり意味がありません。

オウム真理教は、先に見たように仏教の一分派として見ることも可能でした。では既存のほかの仏教教団を同じ基準で見てみるとどうなのか。歴史が好きな人ならおわかりだと思いますが、日本仏教でもかつての僧兵や宗教一揆の扇動者などは、特定の権威者のもとで教団が暴力性を帯びた例と言えるのではないでしょうか。

現代でも海外に目を向ければ、上座説仏教国にもかかわらず、ロヒンギャ弾圧を扇動した一部のミャンマー仏教徒の例などは、「釈迦の仏教」の教えに大きく反しています。

これらの、「釈迦の仏教」に違背《いはい》するように見える宗教団体に共通して言えることは、行動規範の根底に「欲望」があるという点です。「勢力を拡大したい」「既得権を守りたい」「邪魔者を排除して権力を独占したい」。そういう思惑で動いている集団はすべて現世完結型となり、死にゆく者を救済するどころか、生者に害を与える悪しき宗教へと変容するのです。

侮れない「イエスの方舟」

宗教関連の事件と言えばもう一つ、オウム真理教事件の十五年ほど前、一九八〇年頃にマスコミを騒がせた「イエスの方舟《はこぶね》事件」を覚えていらっしゃる方はおられるでしょうか。千石《せんごく》イエス（千石剛賢《たけよし》）という人物が主宰する「イエスの方舟」というキリスト教集団が、信者の家族やマスコミから「カルト教団を許すな。信者を家族のもとに戻せ！」とバッシングを受けた事件です。

オウム真理教とイエスの方舟はよく似ています。どちらも一人のカリスマを中心に形成された信仰集団で、信者は家族やそれまでの生活を捨てて、信者どうしで共同生活を送っていました。この世界に居場所がないと感じた人たちが、救いを求めて集まったという点も同じです。

しかし、私は当時からイエスの方舟についてはどうしても悪い集団とは思えず、逆にシンパシーのようなものを感じていました。なぜなら、イエスの方舟に集まった人たちは、みんなが現世への欲望を捨てていて、なおかつその状況を喜んで受け入れているように見えたからです。日本にはお布施の文化が根づいていないため、彼らは福岡市の歓楽街・中洲《なかす》で「シオンの娘」というクラブを経営し、そこで得た収入を分け合いながら細々と暮らしていたようですが、報道などで見るかぎり、信者の皆さんはとても幸せそうに見えました。

一時はカルト集団呼ばわりされたイエスの方舟でしたが、信者たちがメディアの前に登場して「強制や洗脳ではなく、自分の意思で参加している」と表明したことで誤解が解け、その後は真摯《しんし》な信仰集団として世間からも好意的に受け入れられるようになりました。千石イエスが亡くなった今も、現世の苦しみから逃れたいと願う人々の逃避先、セーフティネットとしての活動は続いているようです。

さて、そこで質問をしたいと思います。オウム真理教とイエスの方舟、もともとの志は似ていたと思えるこの両者の違いはどこにあったと思いますか?

最大の違いは「教祖の欲望」です。麻原は教団を大きくするという欲望を抱き、やがては政治の世界に進出し、国家を支配したいとまで考えるようになりました(一九九〇年の第三十九回衆議院議員総選挙に真理党党首として出馬し、二十四人の党候補者と共に落選)。一方の千石イエスは、世俗的な欲望を一切抱くことはなく、二〇〇一年に亡くなるまでただの面倒見のよい「おっちゃん」(会員が親しみを込めてそう呼んだ)であり続けました。麻原が欲まみれの俗物だったのに対し、千石は私欲というものをほとんど持っていなかったのです。

もう一つの違いは教団の規模です。オウム真理教は教団拡大に向かいましたが、イエスの方舟は十～二十人程度の小集団のかたちをずっと維持し続けました。じつは、これは健全な組織運営をするうえで、とても重要なことです。

なぜなら、どんな教団であっても大きくなればなるほど、組織としての欲望が膨らんでいくのが普通だからです。最初は個人の救済だけを目的とした無欲な集団であっても、組織が大きくなるに従い、やがては「組織の繁栄と拡大」という別の目標を持つようになっていく。そして結局は、現世の欲望の世界に逆戻りしていく……。

また教団が大きくなると、組織を一つにまとめ上げていくための「中央」を置く必要が出てきます。イエスの方舟は小さな集団であり続けたため、中央という考え方とは無縁でしたが、オウムは、先に述べたように疑似国家――「省庁制」なるものを敷いた中央集権国家さながらの組織――をつくり上げました。中央を持つと、当然そこにはヒエラルキーや権力構造が生まれて、結局はまた欲望の世界に舞い戻ってしまうのです。

それは、仏教でも同様です。仏教は世界宗教の道を歩みはじめて、いつのまにか巨大な組織となってしまいましたが、何度も言うように、釈迦自身がそれを望んでいたわけではありません。諸行無常の考え方からすれば、サンガも永遠ではなく、やがては滅びゆくものです。「釈迦の仏教」におけるサンガとは、あくまで個人が修行に専念する場所に過ぎないという位置づけだったのです。

出家者は托鉢による布施だけに頼って暮らす決まりでしたから、単独で修行して病気になったりすると、たちまち暮らしが立ちゆかなくなってしまいます。しかし集団で生活し、みんなで食べ物を分かち合っていれば、修行は続けられます。つまり、修行を続けるための相互扶助システムとして釈迦が考えたのがサンガであり、本来そこには、欲望が介入する余地はありませんでした。

釈迦は亡くなる前に「私（釈迦）を崇めるのではなく、自分自身と、私（釈迦）が発見した法則のみを信じて生きよ（自洲法洲《じすほっす》）」と弟子たちに命じましたが、おそらくそれも、釈迦を神格化するような中央組織が教団内につくられることを危惧したからだと思います。

宗教は否応なく出会うもの

それでは、いよいよ本題となる「自分に合った宗教をどうやって選べばいいのか」という問題について考えてみましょう。

「宗教に関するいろいろな本を読んで、そこから自分が納得できるものを探すのが一番です」と言えれば簡単ですが、宗教は、そんなウィンドウショッピングのように、あれこれ比較して選ぶものではありません。じつはわざわざ選ばずとも、多くの人が理屈とは関係なく、生まれた場所や自分の置かれた環境の中で、なんらかの宗教を信じるように条件づけられています。

たとえば、イスラム世界に生まれた人は、自分の意思とは関係なくイスラム教徒になります。同様にキリスト教世界に生まれた人も、誰かから命令されたわけでもなくキリスト教徒になっていきます。どういう世界に生まれたかによって、自分が望もうが望むまいが関係なく、その場所の宗教に染まっていくのが普通です。

しかし、日本の場合は状況が特殊です。特定の既成宗教が生活に根ざしていないため、生まれながらに特定の宗教を信じる環境で育つ人はめったにいません。仏教の檀家に生まれた大半の人は「一応」仏教徒を装っていますが、自分の家がどこの宗派に属する寺の檀家かもわからないか、たとえ知ってはいても、葬式のときに気にする程度で、その宗派の開祖が何を説き、使うお経に何が書かれているのかなど、ほとんどの人が理解していないようです。キリスト教や神道の場合は、もう少し宗教的自覚は強いようですが、それでも代々、その教えの熱心な信者であり続けるという家は近年あまり見かけません。

ハラリさんが言うように、イデオロギーなども宗教と考えるならば、日本人は無宗教というよりも「資本主義」という宗教を生まれながらに信じていることになりますが、イデオロギーは楽しい人生を目指す指標にはなっても、死の恐怖や不安からは私たちを救ってはくれません。

それで多くの人は死を意識してはじめて、我が身のものとしての宗教、死への恐怖や不安を取り除いてくれる宗教を求めることになるのです。しかし、第四講でご紹介した戸塚洋二さんの例を見てもわかるように、それは簡単には見つかりませんし、見つけられたとしても、死の間際にあって本気で信じ切ることができるかどうかはわかりません。

もし私が人から「どうやって自分に合う宗教を選んだらよいでしょう?」と問われたらどうするか、考えてみました。まず最初の答えの言葉は、「宗教は自分で選ぶものではなく、否応なく出会うものですから、「自分で選んでやろう」という思いはお捨てなさい」と言います。

強固なイスラム教の国に生まれた人は否応なくイスラム教徒として育てられ、信者になっていきますし、キリスト教でも仏教でも同じです。「私は何々教の信者になりたいので何々国に生まれます」と言って生まれてくる人は誰もおらず、気がついたらいつの間にかその宗教で生きる人になっているのです。

日本でも一部の宗教世界では、生まれながらにその宗教に囲まれて育たざるをえない閉鎖社会をつくっていて、そこで育った子どもたちは意識せずともその宗教の信者になっていきます。もちろんどれくらい真剣に信じるかは人それぞれにしても、そうやって否応なく特定の宗教につながっていくのです。世襲で受け継がれる多くの仏教寺院も同じです。私もその一人ですが、特定の宗派の寺に生まれた子は、知らず知らずのうちにその宗派の僧侶として生きざるをえない状況に置かれるのです。

ただハラリさんも言うように、そういった、環境によって否応なく信者になったという人たちはこれからどんどん減っていって、たとえ形式的にはその宗教に属していても、本心は科学的世界観で生きているという人が多くなっていきます。

今、私の前に立って、「どうやって自分に合う宗教を選んだらよいでしょう?」と尋ねている人は、そういった、自由な選択肢をもって宗教を選ぼうとしている人です。しかしその人に対して私は、「『自分で選んでやろう』という思いはお捨てなさい」と言わざるをえない。なぜなら宗教というのは、複数の商品をあれこれ比較して一番よいのを選んで買う、というお買い物の対象ではなく、生きる苦しみや死ぬ不幸を感じて「なんとかしなければ」と切羽詰まった人が、「ここしかない」と必死で門を叩く救済所だからです。「どの宗教が一番私に合っているでしょう」などと呑気な質問をしている人に宗教は必要ありません。おそらくその人は、資本主義などのイデオロギー宗教で十分満足しているのです。

人は切羽詰まったときには、脇目もふらずに目の前の門を叩きます。そうしてその宗教の信者になる。それは私自身の体験です。詳しいことは申しませんが、私もぎりぎりの瀬戸際まで追い詰められたとき、ご縁があってたまたま出会った釈迦の教えに惹かれて、その信者になりました。結果は私にとって最良の選択となりましたが、そのときにあれこれ宗教を見比べて、「釈迦の仏教が一番よいからこれにしよう」などと選んだわけではありません。ですから宗教を選ぶというのは、実際には、「苦しみの中で必死につかむ」ということなのです。

戸塚さんの最期のお姿はまさにそれでした。正岡子規の言葉をお選びになったのか、あるいは覚悟を決めて科学的世界観一筋で死を迎えられたのか、お心の内はわかりませんが、あの戸塚さんのお姿こそが、宗教との真の出会いを求める人のあり方です。つかむ必要もないときに「何かよい宗教を選んでその信者になってやろう」と思って手を伸ばしても何もつかめません。イデオロギー宗教も人間至上主義の宗教も含めて、世の宗教は皆、「どうしてもこの教えに従い、その目的を実現しなければ私(たち)は救われない」というぎりぎりの思いを共感することで世に現れてきたのです。

宗教教育の必要性

そこで一つ申しあげたいことがあるのですが、いざ切羽詰まって宗教を求めることになったときに大事なことは、この世にどのような宗教の教えがあるのか、別の言い方をするなら、どのような世界観があるのかをあらかじめ知っておくということです。知らなければ参入のしようもない。その意味で私は、正しい「宗教教育」というものの必要性を強く感じます。

信じる信じないという話とは別に、この世には、いろいろな価値観を説いた宗教が存在するということを、知っておくことが重要なのです。

そのために必要となるのが、子どものころからの宗教教育です。こんなふうに言うと、ある特定の宗教の教義や歴史を教える授業を思い浮かべられるかもしれませんが、そういうものではなく、世界に存在するそれぞれの宗教がどんなことを説いているのかを俯瞰的な、一種のカタログとして客観的に提示するのが、私が理想とする宗教教育です。

「仏教やキリスト教ではこんな価値観を説いていて、資本主義、共産主義ではこんな世界観が示されている」といった具合に、各宗教やイデオロギー別に幸福の土台となるもの、生き方のベースとなっているものを提示し、「私たちが生きる道は一つではなく、たくさんの選択肢が存在している。しかもその中には、死後の幸福まで考える道もある」ということを知ってもらうための教育です。

今、多くの日本人が「資本主義」という世界の価値観だけで生きています。そのため、上昇志向があまりない人、消費することに喜びや生きがいを抱けない人は、生きることに苦しさを感じています。でも、それとは別の価値観がこの世界には存在すること、たとえば「欲望を捨てることで心の安寧が得られる」という仏教のような考え方があることを知れば、「そうか、この道が私の今の苦しみを消してくれるのか」と知って、人生の選択肢が広がります。一つの価値観、世界観の中で生きようとするから人は苦しむのであって、いろいろな生き方、幸福のかたちがこの世には存在すると知っただけでも苦しみは和らぎます。

宗教教育を行う際は、どれが正しいか正しくないかを示すのではなく、並列に公平に教えることが重要です。資本主義的な生き方がよいと思いがちですが、そうは思わない人も世界にはたくさんいること、宗教の中には、神を信じる宗教だけではなく、法則を信じる宗教も存在すること、そしてどの宗教にも意味があり、それぞれ苦しみを救う力を持っていることを教えることが大切です。

今回の講義の前半でご紹介した『サピエンス全史』が、まさにそれです。『サピエンス全史』にはどの宗教が素晴らしくて、どの宗教が悪いといった話は出てきません。宗教の多様性を示し、どの宗教を生きる杖にするかは読者の自由に任せているのです。

心地よい宗教にご用心

結局のところ、宗教の正しい選び方などというものは存在せず、まずはたくさんの宗教がこの世に存在することを知り、もしどうしても拠りどころが必要になったら、自分の信頼する宗教の門を叩くということです。ただここで、注意しておきたいことが一つあります。それは「自分にとって心地よい選択肢はご用心」ということです。

この世をどうやって生きるかと考えたとき、私たちはどうしても苦しい道を避けて、自分にとって楽で快適な道を選ぼうとします。宗教で言えば、「自分を律せよ」と説くものよりも「願いは叶う」と説くものに惹かれてしまいがちです。一概には言えませんが、私の経験から言えば、たいていは、自分がつらいと感じた道のほうが結果的に正しかったということになるようです。欲望を満足させるかたちの選択肢は、欲望が叶った瞬間は満足しますが、さらなる上を求めて終わりがないので、結局は究極的な解決策に至らないものなのです。

自分が心地よく感じる方向に真理は存在しないというのは、天文学や物理学の歴史を見てもわかります。科学がまだ発達していない時代の人々は、自分たちが住んでいる場所が世界の中心で、ほかの星はそのまわりを回っているという「天動説」を信じていましたが、なぜ彼らは天動説を信じたのかと言えば、自分が中心にいて、世界はその自分の従属者だという意識が染み込んでいたからです。

しかし、ガリレオはその説に疑いを抱き、「世界の中心は太陽で、私たちの住んでいる場所のほうが太陽のまわりを回っている」という地動説を唱えました。多くの人からすれば、自分の住む場所が世界の中心ではないと言われた気がして、いやな気持ちになりますね。でも、結果的に地動説のほうが正しかったことは周知のとおりです。

長さや時間に対する認識も同じです。もともと人間は「我々が定めた長さや時間の基準は絶対的なものだ」と考えていました。そう思えば、自分たちが世界のすべてを見渡しているような気持ちになって心地よさを感じます。しかし、アインシュタインは「時間の進み方や空間の大きさは絶対的なものではなく、観測者の状態によって変化する相対的なものだ」と主張しました。保守的な人からすれば、自分たちが信じていた理論を否定されて苦々しい気持ちになったはずです。でもやはりアインシュタインのほうが正しかったのです。

こうして見てくると、物理学の歴史は、人間にとって都合のよい世界観が都合の悪い方向に訂正されていく歴史であったことがわかります。つまり、科学は「自分中心に物事を見たい」という欲求を捨てるほうに向かったからこそ発展できたのです。

これは言い換えるなら、この世の真の姿は、私たちの我欲のフィルターによって偏向したかたちでとらえられているということです。このことは、私たちがなんらかの宗教によって生きる規範を定めていく際にもきわめて重要な問題になってきます。我欲による偏向を排除していくことで、間違いのない規範を見出すことができるのです。

ですから、自分にとって都合の悪い道を選んだほうが、最終的には自分を救ってくれる可能性が高いと私は思っています。私たちは自分を中心にすべての物事をとらえて、「この世界の主人公は私だ」「この世界は私の都合に合わせて動いている」という世界観を抱きがちですが、実際の世界は、私の都合など無視して動いているため、自分勝手な世界観は必ず裏切られることになります。そうなると人は不満を募らせ、結局はまた苦しみの中を生きなければならなくなる。心に染みついた「変わらぬ私」という思い込みを捨てること——それが「私」をさまざまな束縛から解き放ち、真の安楽（救い）へと導いてくれるのです。釈迦はこれを「諸法無我」という短い言葉で表現しました。

智慧の力を強くせよ

では、「変わらぬ私」という思い込みを捨てるためには何をすればよいのでしょうか。

これまでも何度か触れてきましたが、まずは宗教の概念をずっと広げて、私たちの生活のベースになっているものはすべて宗教だととらえてみてください。私たちは当たり前のこととして「なんらかの宗教を信じて生きている存在だ」ということを、ぜひともこの機会に知っていただきたいと思います。

「なんらかの宗教を信じながら生きている」ということは、すなわち、私たちは常にフィルターを通して世の中を見ていることになります。それを自覚するのが次の作業で、それができるようになれば、いかに自分が自己中心的なねじ曲がった世界を生きていたのかがわかってきます。そうやって自分で自分の価値観を修正していった先に待っているのが、仏教で言うところの「涅槃」、苦しみのない世界なのです。

宗教の選び方についてのお話が、いつのまにか「釈迦の仏教」の話に戻ってしまいましたが、これは、私が自分の選択として考える宗教のあり方、つまり「死にゆく私を支えるものは何か」という問いの終着点は、「自分の心を変えていくしかない」と説いた釈迦の教えに行き着くと信じているからです。

そうは言っても、これまでお話ししてきたように、「釈迦の仏教」がすべての人を救う、などということはありえないのですから、何かにすがる宗教、他力を重視する宗教も否定できません。私は「釈迦の仏教」を信じていますが、それは私一人の勝手な宗教観です。最終的な結論としては、宗教の多様性を知り、一つの価値観や世界観だけでこの世界はつくられているのではないことを認識し、苦しみを取り除く道を自分で決めていくことだと思います。

そのためにも、まずは宗教に興味を持っていただきたい。イデオロギーも宗教の一つと考えるなら、ほとんどの人はなんらかの宗教を信じて生きていることになりますが、無意識でそれを信じるのと、それがどんなものか理解して信じるのとでは、まったく意味合いが異なります。無意識にその世界を信じて、それが当たり前だと思っているから苦しさを感じるのであって、今自分がどういう世界を歩いているのかをしっかり認識し、そこから抜け出すほかの道もあることを知っていれば、もっと生きやすく、そして死にやすくなるはずです。

仏教には「智慧」という言葉があります。一般の「知恵」だと頭のよさや判断力を意味しますが、仏教の「智慧」は真理を知ること、現象の背後にある道理に気づくことを意味します。

自分が生きている宗教世界のほかにもいろんな宗教世界が存在していることに気づくこと、そして、自分で自分の智慧の力を磨いて、この宗教世界を正しく見ることが、最期まで苦しまずにこの世を生きるための最良の方法なのです。

編集協力　中村宏覚
校閲　北崎隆雄
DTP　山田孝之

佐々木 閑 ささき・しずか
1956年福井県生まれ。
花園大学文学部仏教学科教授。博士(文学)。
京都大学工学部工業化学科および文学部哲学科仏教学専攻卒業。
同大学大学院文学研究科博士課程満期退学。
専門は仏教哲学、古代インド仏教学、仏教史。
著書に『NHK「100分de名著」ブックス ブッダ 真理のことば』
『(同)般若心経』『(同)ブッダ 最期のことば』『日々是修行』
『ゴータマは、いかにしてブッダとなったのか』『大乗仏教』など多数。

NHK出版新書 656

宗教の本性
誰が「私」を救うのか

2021年6月10日 第1刷発行
2024年10月15日 第2刷発行

著者 佐々木 閑
発行者 江口貴之
発行所 NHK出版
〒150-0042 東京都渋谷区宇田川町10-3
電話 (0570) 009-321(問い合わせ) (0570) 000-321(注文)
https://www.nhk-book.co.jp (ホームページ)

ブックデザイン albireo
印刷 新藤慶昌堂・近代美術
製本 藤田製本

Printed in Japan ISBN978-4-14-088656-4 C0214

NHK出版新書好評既刊

移動革命
MaaS、CASEはいかに巨大市場を生み出すか
三菱総合研究所[編著]
EV・自動運転・配車アプリ・シェアリング……。「移動」をめぐっていま起こりつつある、100年に1度のパラダイムシフトの実相を解き明かす。
616

ミッシングワーカーの衝撃
働くことを諦めた100万人の中高年
NHKスペシャル取材班
労働市場の「落とし穴」に陥るリスクは、誰にでもある！ 働き盛りの40代・50代に何が起きているか？ 話題沸騰のNHKスペシャル、待望の書籍化！
617

欧州分裂クライシス
ポピュリズム革命はどこへ向かうか
熊谷 徹
EUから離脱する英国、右傾化に抗うドイツ。「格差拡大」「アイデンティティの喪失」という二つの不安軸から欧州情勢の今を読み解く。
618

日本美術の底力
「縄文×弥生」で解き明かす
山下裕二
過剰で派手な「縄文」と簡潔で優雅な「弥生」の2軸で、日本美術を軽やかに一気読み！ 傑作61点をオールカラーで掲載した、著者初の新書！
619

マルクス・ガブリエル 欲望の時代を哲学するII
自由と闘争のパラドックスを越えて
丸山俊一＋NHK「欲望の時代の哲学」制作班
NHK番組で大反響のマルクス・ガブリエルが帰ってきた！ 舞台はニューヨーク。資本主義と民主主義の中心地で、哲学のホープは何を語るのか!?
620

英文法をこわす
感覚による再構築
大西泰斗
英文法の文型、規則・用法を丸暗記するのではなく、ネイティブの語感をじかに捉えるには？「NHKラジオ英会話」人気講師が明快かつ情熱的に説く！
621

NHK出版新書好評既刊

もっと試験に出る哲学
「入試問題」で東洋思想に入門する
斎藤哲也
ブッダに道元、西田幾多郎まで。「センター倫理」厳選26問を導きに、インド・中国・日本をまたぐ東洋思想の流れを明快に説く第2弾！
622

2025年のデジタル資本主義
「データの時代」から「プライバシーの時代」へ
田中道昭
GAFAなどの巨大テック企業による富の独占に抗い、世界で高まる個人情報保護の機運。デジタル資本主義が進展する中で、次に覇権を握る者とは？
623

今ここを生きる勇気
老・病・死と向き合うための哲学講義
岸見一郎
幸福に「なる」のではなく、「今」が幸福で「ある」。それが、人生の答えだ——。ベストセラー『嫌われる勇気』の著者による、はじめての講義型新書！
624

京都を壊した天皇、護った武士
「一二〇〇年の都」の謎を解く
桃崎有一郎
後鳥羽・後醍醐ら一部の天皇は、なぜ京都を危険に晒したのか!? 京都と天皇をめぐる一二〇〇年の「神話」を解体し、その本質へと迫る意欲作！
625

極上の死生観
60歳からの「生きるヒント」
齋藤 孝
〝生きること〟の究極的な本質とは何か？「死の不安」に打ち克ち、人生の意味に自分自身で気づく方法を、古今東西の賢者・哲人・聖者たちに学ぶ！
626

現代哲学の最前線
仲正昌樹
哲学は今何を問うているのか？ 正義論、承認論、自然主義、心の哲学、新しい実在論という5つのホットなテーマを概観し、その核心を一気に掴む！
627

NHK出版新書好評既刊

世界を動かすイスラエル　澤畑剛
イスラエル・中東情勢を、「イノベーション」「キリスト教福音派」「シェール革命」などをキーワードに多角的に読み解く。現役記者による最新リポート。
628

いまこそ「小松左京」を読み直す　宮崎哲弥
その予見的性質のため、いまふたたび注目を集めるSF作家・小松左京。『日本沈没』等の代表作を読み直し、戦後最大の知識人の思索をたどる。
629

パンデミックが露わにした「国のかたち」　熊谷徹
欧州コロナ150日間の攻防
そのとき、イタリアで何が起きたのか？ドイツはどう動いたのか？新型コロナウイルス第二波襲来が叫ばれるいま、日本の選ぶべき道を提言する。
630

教育格差の経済学　橘木俊詔
何が子どもの将来を決めるのか
何が教育格差を生み出すのか。所得の影響、保育園と幼稚園の差、塾の効果などを、格差研究の第一人者がコストとリターンの観点から徹底分析！
631

人類の選択　佐藤優
「ポスト・コロナ」を世界史で解く
コロナ禍を歴史的に分析し、国際情勢と日本の未来を展望。複数の選択肢に揺れるコロナ後の世界と人間の生き方に確固たる指針を示す！
632

名著ではじめる哲学入門　萱野稔人
哲学とは何か。アリストテレスで「人間」の本質を抉り、ハイデガーで「存在」の意味を知る。複雑化する世界を新視点で捉える実践的学び直しの書。
633

NHK出版新書好評既刊

NHK出版新書好評既刊

NHK出版新書好評既刊

カラスをだます　塚原直樹

カラス語の理解者にして全国から引っ張りだ
カラス対策専門ベンチャー創業者が、カラスを調べ、追い払い、食べながら、共存の方法を探求する。

64

大河ドラマの黄金時代　春日太一

『花の生涯』から『黄金の日日』『独眼竜政宗』『太平記』まで。プロデューサー、ディレクターたちの貴重な証言を織り込み、「黄金時代」の舞台裏に迫る。

647

アドラー 性格を変える心理学　岸見一郎

世の中には「性格は生まれつき」と考えて、あきらめてしまう人が少なくない。『嫌われる勇気』の著者が、アドラー心理学を軸に、性格の常識を覆す。

648

「超」英語独学法　野口悠紀雄

リスニング練習から暗記術、ＡＩ活用法まで。専門家同士のやりとりや英文読解、会議での討論、メール作成などに役立つ超合理的勉強法！

649

おとなの教養3
私たちは、どんな未来を生きるのか？　池上　彰

気候変動、データ経済とＤＸ、ポスト資本主義など。喫緊の6テーマを歴史や科学、経済学の教養にもとづき講義形式で解説するシリーズ第3弾！

650

異形のものたち
絵画のなかの「怪」を読む　中野京子

人獣、妖精、悪魔と天使、異様な建造物から魑魅魍魎まで。「異形」の名画が描かれ支持されてきたのはなぜか。語られざる歴史と人間心理を読む。

651

NHK出版新書好評既刊